AF389674

COURS COMPLET
D'ENSEIGNEMENT PRIMAIRE

Rédigé conformément aux nouveaux programmes
du 27 juillet 1882.

MANUEL

D'INSTRUCTION CIVIQUE

PAR

M. J. DE CROZALS,

Ancien élève de l'École Normale Supérieure,
Docteur ès Lettres,
Professeur d'histoire à la Faculté des Lettres de Grenoble.

*Ouvrage rédigé conformément aux nouveaux programmes
du 27 juillet 1882.*

COURS ÉLÉMENTAIRE

PARIS

SOCIÉTÉ D'IMPRIMERIE ET LIBRAIRIE ADMINISTRATIVES ET CLASSIQUES
PAUL DUPONT, Éditeur
41, RUE JEAN-JACQUES-ROUSSEAU (HÔTEL DES FERMES)

1885

PREMIÈRE LEÇON

LA FAMILLE.

1. — Les petits enfants de l'école du village de Montarels furent bien surpris quand leur instituteur, M. Bernard, leur demanda un matin s'ils savaient ce que c'est que la *famille*.

Ils avaient tous leur père et leur mère, sauf le petit Guillaume, dont les yeux s'étaient tout à coup remplis de larmes; car il avait perdu son père quelques jours auparavant, et à ce mot de famille, tout son chagrin lui était revenu : il sen-

---

1. — Qu'est-ce que la famille ?

tait bien que pour lui déjà la famille n'existait plus tout entière.

Presque tous ces enfants avaient un frère ou une sœur, et ils n'avaient pas besoin des leçons de M. Bernard pour comprendre que papa, maman, petit frère et petite sœur forment la famille. Ils pensaient donc que M. Bernard voulait plaisanter.

2. — On était au printemps, c'est-à-dire au moment des nichées. C'était la grande distraction des enfants de chercher les nids. Ils se gardaient bien de les emporter ou de les détruire; car on leur avait fait comprendre que c'eût été mal faire. Mais ils aimaient à regarder le père et la mère voler autour de leur nid, porter dans leur bec la pâture aux petits, les inviter à faire usage de leurs ailes à peine garnies de plumes. Tout ce petit monde semblait heureux et si tendrement uni !

3. — « Voilà une famille modèle, » dit M. Bernard.

— « Oh ! oui » ! répondirent tous ensemble les enfants.

— « Mais que seront devenus dans quelques semaines tous ces petits oiseaux, aujourd'hui groupés dans le même nid ? Ils seront dispersés: chacun aura pris sa volée, l'un à droite, l'autre à

J. — Y a-t-il une famille chez les animaux ? — Pourquoi non ?

gauche. Le père et la mère ne veilleront plus sur eux ; rien ne les ramènera vers ce père et cette mère qui les ont nourris, réchauffés, soutenus dans leur premier vol. Tout est fini entre eux, dès qu'ils ont franchi le rebord du nid. Est-ce donc là, mes enfants, une famille modèle ? »

4. — Les petits enfants restèrent songeurs. Ils sentirent tout à coup que chez eux les choses allaient autrement, et qu'il serait bien dur de penser que, devenus grands, ils seraient séparés pour toute leur vie de ce papa et de cette maman qu'ils aimaient tant. Serait-il donc possible qu'un jour leur père et leur mère cessassent de les aimer, de veiller sur eux, de leur venir en aide ? Non, sans doute. Cette pensée seule les rendait tristes.

5. — M. Bernard, qui les connaissait bien, devina leur chagrin et leur dit :

« Ce qui fait la famille, mes enfants, ce n'est pas seulement la naissance, ni les soins du premier âge. Les animaux aussi ont des petits qu'ils aiment, qu'ils nourrissent, qu'ils élèvent. On ne dit pas cependant : la famille d'un chien, ou la famille d'un chat, ou la famille d'une fauvette. On dit la famille de l'homme, parce que cette petite

---

5. — Qu'est-ce qui fait véritablement que les hommes ont une famille ? — Que doivent les enfants aux parents ? — En quoi consistent les soins des parents pour les enfants ?

société formée du père, de la mère. des enfants, dure autant que la vie de ceux qui en font partie. Votre père et votre mère vous ont nourris pendant votre première enfance; vous avez grandi, ils ne vous ont pas abandonnés; leur tendresse ne vous manquera jamais. La vôtre sera leur plus douce joie. Jeunes ou vieux, les enfants sentent qu'ils doivent tout à leurs parents.

6. — « Ce n'est donc pas la naissance seule qui fait la famille. Ce sont les soins, les preuves d'affection, les joies communes, les peines même adoucies par la consolation d'un père, d'une mère, d'un frère, d'une sœur. La famille des animaux dure quelques semaines à peine; celle de l'homme dure toute la vie, du premier au dernier jour. »

RÉSUMÉ.

La réunion du père, de la mère, des enfants forme la famille.

Il faut y joindre aussi les vieux parents, les oncles, les tantes et les cousins.

Ce qui fait que la famille existe, ce sont les soins assidus des parents pour les enfants, la tendresse, la reconnaissance et le respect des enfants pour les parents.

DEUXIÈME LEÇON

LE BON FILS.

7. — « Il faut aimer ses parents de tout son cœur, » dit un jour M. Bernard à ses élèves ; et ceux-ci, déjà malins, pensèrent que leur excellent maître ne leur enseignait ni des choses bien nouvelles, ni des préceptes difficiles à pratiquer. Ils aimaient leur père et leur mère de toutes les forces de leur petit cœur, et il leur eût été bien difficile de faire autrement, tant ils trouvaient de douceur à remplir ce devoir.

---

7. — Quels sont les devoirs des enfants envers les parents ?

8. — Ils ne songeaient pas alors au plaisir qu'ils avaient à faire l'école buissonnière, à manger les fruits verts qui pouvaient leur nuire, à harceler le bétail à coups de pierre, à courir derrière les voitures pour monter sur le marchepied, à jouer de vilains tours aux personnes contrefaites : leurs parents leur avaient pourtant défendu toutes ces vilaines choses ; et ils étaient affligés de voir la désobéissance de leurs enfants.

9. — Ce n'était pas pourtant pour faire de la peine à leurs parents que les petits élèves, au sortir de l'école, se livraient à ces vilains jeux ; mais ils oubliaient vite les recommandations de leurs parents, et ils se promirent bien de ne plus recommencer quand M. Bernard leur eût fait remarquer que l'obéissance à la volonté des parents était pour des enfants la meilleure façon de leur prouver leur tendresse, et qu'un fils désobéissant était bien près de devenir un mauvais fils.

10. — Ce n'est donc pas assez de se dire qu'on aime son père et sa mère : il faut le montrer par ses actes. L'obéissance, le respect, les prévenances, valent mieux que toutes les paroles. Tant que les enfants ne peuvent pas se suffire à eux-mêmes et gagner leur vie, les parents leur doivent tout : ils

---

8. — Donner des exemples de désobéissance des enfants ?
9. — Un fils désobéissant est-il un bon fils ?
10. — Pourquoi les enfants doivent-ils l'obéissance à leurs parents ?

ne demandent à leurs enfants que de les aimer et de leur obéir. Ils sont plus sages, plus instruits, plus expérimentés* (1), plus prévoyants. Il est donc naturel qu'ils dirigent leurs enfants et leur donnent des conseils et des ordres. L'obéissance envers les parents est un devoir; c'est un grand bienfait pour des enfants d'être ainsi conduits comme par la main.

11. — Plus tard, quand l'enfant sera devenu un homme, les choses changeront. Les parents à leur tour auront peut-être besoin de secours, de protection, d'appui. La vieillesse a de nombreux besoins : l'homme, la femme, affaiblis par l'âge, ne peuvent plus travailler pour gagner leur vie. Que penserait-on de l'homme qui ne se priverait pas, même du nécessaire, pour venir au secours des siens? On l'appellerait mauvais fils, fils ingrat; et il n'y a pas de reproche plus grave pour un homme de cœur.

12. — « Vous n'avez pas besoin de chercher bien loin pour trouver le modèle des fils, dit l'instituteur. » Il y avait, en effet, dans le village un vieillard paralytique* depuis de longues années. Il ne pouvait faire un mouvement, il fallait lui porter la nourriture à la bouche, le lever, le coucher

(1) Les * à côté des mots sont des astérisques qui renvoient au lexique.

---

11. — Les devoirs des enfants envers les parents changent-ils avec l'âge ? — Que doit l'enfant devenu homme à ses parents vieux et infirmes ?

comme un enfant. Ce pauvre homme avait été autrefois vigoureux, actif, laborieux, charitable. Il avait élevé son fils avec amour et intelligence : ce ne furent pas des bienfaits perdus.

13. — « Son fils ne permit pas, en effet, que personne s'occupât de son père infirme. Il le levait comme une mère aurait pu faire de son enfant, lui faisait prendre sa nourriture, et quand il revenait des champs, fatigué, son premier soin était pour ce vieillard qu'il chérissait. Il le promenait dans une carriole faite par lui et c'était un touchant spectacle de voir le fils dans la force de l'âge et le vieillard se souriant. Le fils était devenu le protecteur du père, et le vieillard, qui avait été un père accompli, retrouvait dans les vertus de son fils sa récompense. « Dieu est bon, pensait-il, qui donne au vieillard épuisé et misérable la douce main du fils pour le soutenir et le nourrir ! »

RÉSUMÉ.

Les enfants doivent à leurs parents l'affection, le respect, l'obéissance.

Les parents ont droit à l'obéissance de leurs enfants ; sans cela, ils ne pourraient ni les diriger ni les redresser.

Les devoirs des enfants envers leurs parents ne cessent pas quand les enfants sont devenus des hommes.

Ils leur doivent alors protection, assistance, dévouement.

12, 13. — Donner un exemple ?

TROISIÈME LEÇON

LA CARTE DE FRANCE.

14. — Il y avait, pendue au mur, dans la salle d'école de Montarels une grande carte aux couleurs brillantes, qui attirait le regard des enfants. Ils avaient entendu dire que cette carte représentait la France : mais ils auraient bien voulu en savoir plus long. Ils furent joyeux quand leur maître leur annonça qu'il allait leur expliquer ce que signifiaient ces couleurs, ces lignes noires ou bleues.

15. — « Vous êtes Français, mes enfants, dit

---

15. — Qui appelle-t-on Français ? — Y a-t-il en France un grand nombre de villes et de villages ? — La France est-elle grande ? — Comment appelle-t-on l'ensemble de tous les Français ?

1.

M. Bernard, c'est-à-dire que vous êtes nés dans
un pays qui s'appelle la France. Il y a dans ce
pays plusieurs milliers de villes ou de villages.
C'est dans un de ces villages que votre père, votre
mère, vos parents sont nés ; vous mêmes y êtes
venus au monde. Dans cette salle, nous sommes
tous Français. La France est très grande : ima-
ginez vous que, nous tous Français, nous sommes
près de 37 millions d'êtres humains. Nous for-
mons une nation, la nation française.

16. — « Cette toile accrochée au mur, couverte
de traits et coloriée, représente en petit le territoire de la France. Écoutez bien ceci, et ne l'oubliez
jamais : la France est de tous les pays du monde
le plus heureusement situé. Suivez le mouvement
de ma canne : vous voyez cette ligne très irrégu-
lière, tantôt droite, tantôt brisée ou courbe, bordée
de bleu : elle figure les côtes, c'est-à-dire les parties du territoire français baignées par la mer.

17. — « Regardez : la France tout entière a six
côtés. Trois de ces côtés sont baignés par la mer :
l'Océan Atlantique et la Manche, à l'ouest et au
nord ; la mer Méditerranée au sud. C'est un grand
bonheur pour la France que la mer la touche et la
baigne sur tant de points. Sans le voisinage de
l'Océan, elle n'aurait pas cette humidité qui en-
tretient ses grasses prairies et qui, avec le soleil,

---

17.   La France est-elle un pays heureusement situé ? — Qu'appelle-
t on les côtes d'un pays ?

rend les terres fertiles. Au sud, la Méditerranée rafraîchit les vents qui viennent d'Afrique et produit un climat tempéré.

18. — « La mer est une source de richesses. Ses eaux fournissent sans s'épuiser les millions et les millions de poissons qui servent à la nourriture de l'homme. Sur les côtes sont les ports, c'est-à-dire les villes dans lesquelles les navires peuvent aborder et amener les produits les plus divers du monde entier. C'est par ses ports de l'Océan que la France communique avec ce grand pays qu'on appelle l'Amérique, par ses ports de la Méditerranée qu'elle se met en rapport avec l'Afrique, l'Asie, l'Océanie.

19. — « Si vous pouviez visiter un grand port, Marseille par exemple (c'est la ville que vous voyez là, près de la ligne bleue de la mer Méditerranée, marquée par un petit rond noir), vous verriez dans les rues et sur les quais * des hommes de tous les pays : ceux-ci avec leur burnous blanc, ce sont les Arabes qui viennent d'Alger ; ceux-là avec un turban * et de riches costumes de soie jaune, verte, rouge, ce sont des Turcs de Constantinople, des Persans, des Égyptiens ; d'autres au teint jaune, aux yeux allongés, portant

---

18. — Quelle figure présente la France dans son ensemble ? — Combien la France a-t-elle de côtés baignés par la mer ? — Quelles sont ces mers ? — Où sont-elles situées ? — Quels sont les avantages que la France retire du voisinage de la mer ?

19. — En quoi la mer est-elle une source de richesses pour la France ? Qu'est-ce qu'un port ? — Comment la France est-elle en rapport avec l'Amérique, l'Afrique, l'Asie, l'Océanie ?

une longue queue de cheveux qui bat sur leur dos,
parlant un langage si étrange que vous croiriez
entendre gazouiller des oiseaux, ce sont des Chi-
nois. Ils sont arrivés par mer du fond de l'Asie,
ils ont navigué pendant cinq ou six semaines pour
venir à Marseille.

20. — « Ce ne sont pas seulement les hommes
des pays les plus divers que vous pourriez voir
dans un des grands ports de mer de la France.
Sur les quais * où se déchargent les marchandises
apportées par les navires, vous verriez les produits
les plus variés : des ballots de coton, des sacs de
café, des caisses de thé, d'épices, des bois précieux,
enfin tout ce qui peut servir aux besoins ou aux
plaisirs des hommes. C'est dans les ports que se
fait la plus grande partie du commerce de la France,
c'est-à-dire l'échange des produits de notre pays
et des produits apportés des pays étrangers. »

RÉSUMÉ.

La France est un grand et puissant pays de 37 millions
d'habitants.

C'est un des pays du monde les plus heureusement situés.
Baignée par trois mers, qui la mettent en rapport avec
les pays les plus lointains, la France doit à la mer la douceur, l'égalité de son climat, le mouvement commercial
de ses ports où arrivent les produits les plus divers du
monde entier.

---

20. — Énumérez quelques-uns des produits que la France doit
à son commerce par mer et que l'on voit sur les quais de ses ports.

QUATRIÈME LEÇON

LA CARTE DE FRANCE *(suite)*.

21. — « Il y a trois côtés de la France que nous n'avons pas examinés hier, reprit M. Bernard, lorsque la bande joyeuse de ses écoliers se fut installée sur les bancs et parut bien disposée à l'écouter. (Et il montrait au sud et à l'est une ligne contournée qu'il fallait suivre bien attentivement; car elle était faite de petits points et se distinguait mal au milieu des couleurs brillantes.)

« Par ces trois côtés, la France touche à divers

---

21. — De quels pays la France est-elle voisine au sud et à l'est ? — En est-elle séparée partout par des montagnes ?

pays, l'Espagne, l'Italie, la Suisse, l'Allemagne, la Belgique. Tantôt elle est séparée par de grandes chaînes de montagnes, les Pyrénées, les Alpes, le Jura ; tantôt la limite est représentée par une ligne de points qui a l'air d'aller au hasard.

22. — « On appelle cette limite entre deux pays les *frontières* d'un pays. Quelquefois elles sont naturelles ; par exemple, ce n'est pas la fantaisie* des hommes qui a dressé les Pyrénées entre la France et l'Espagne. Souvent elles dépendent de la volonté des hommes, qui les fixent où il leur plaît et où ils peuvent.

« Quand vous connaîtrez bien la géographie de la France, vous pourrez dessiner la France sur le sol de la cour de l'école. Je vous y aiderai, et ce sera un jeu vraiment amusant. Nous ferons des bourrelets de terre* pour les montagnes, des fossés pour les fleuves, des petits tas de gravier pour figurer les maisons des villes ; et, si vous êtes sages, je vous permettrai de porter de l'eau dans vos arrosoirs pour la faire couler dans la rigole des fleuves.

23. — « Mais quand vous pétrirez les mon-

---

22. — Qu'appelle-t-on les frontières d'un pays ? — Les frontières sont-elles quelquefois naturelles ? — Exemple. — Sont-elles toujours naturelles ?

23. — Où trouve-t-on des montagnes en France ? — Quels services les montagnes rendent-elles à un pays ?

tagnes avec de la terre humide, il faudra bien vous dire que ces belles et grandes chaînes de montagnes qui bordent la France au nord et à l'est, qui se dressent au centre en Auvergne, n'ont pas été faites seulement pour varier le dessin de la France. Ce sont elles qui en arrêtant les nuages font la pluie, qui emmagasinent sous forme de glace ou de neige les eaux nécessaires pour alimenter les fleuves et les rivières. Elles servent d'abri contre les vents et de réservoir pour les eaux.

24. — « Ainsi les montagnes sont aussi nécessaires à un pays que la mer. En France, les montagnes et les plaines sont distribuées d'une façon si heureuse que la terre peut porter les produits les plus variés, depuis le blé, la vigne et l'olivier, jusqu'au seigle et à la pomme de terre.

« Grâce à la mer et aux montagnes, le climat de la France n'est ni trop froid, ni trop chaud; on appelle cela un climat tempéré.

25. — « C'est très important, le climat d'un pays; car les productions du sol et le caractère des habitants en dépendent. Ainsi n'allez pas croire que

---

24. — Les montagnes sont-elles nécessaires à un pays ? — Les montagnes et les plaines de la France sont-elles heureusement distribuées? — Quels sont les avantages de cette distribution ? — Qu'appelle-t-on un climat tempéré ?

25. — Le climat d'un pays a-t-il une influence considérable? — Sur quoi? — Tous les Français se ressemblent-ils ? — Exemples. — Y a-t-il entre tous les Français des traits communs ?

tous les Français se ressemblent, pas plus que toutes les régions de la France : le Breton ne ressemble pas au Provençal, ni le Béarnais au Dauphinois, ni le Languedocien au Normand.

« Et pourtant, il y a entre tous les Français, qu'ils soient du Nord ou du Midi, de l'Est ou de l'Ouest, quelque chose qui leur est particulier, et qui fait qu'on ne peut les confondre ni avec des Anglais, ni avec des Espagnols, ni avec des Russes.

26. — « Le Français a le caractère généreux ; il est vif, parfois colère, mais jamais vindicatif* ; il est gai, spirituel, entreprenant ; son courage est proverbial* depuis des siècles et il a toujours mis son honneur à secourir les peuples faibles, opprimés, à verser son sang pour eux, sans jamais rien réclamer en retour de ses services. »

— « Mais alors, s'écria le petit Jules, qui était vif et qui aimait les belles choses, il y a de quoi être fier d'être Français ! »

— « Sans doute, mes enfants, très fier même. Mais il faut bien se garder pour cela de mépriser les autres nations. Respectez les autres nations et chérissez la vôtre. Pour moi, il me semble que je serais moins satisfait de vivre, si je n'avais pas le bonheur d'être Français ! »

---

26. — Définissez le caractère du Français ? — Y a-t-il lieu d'être fier d'être Français ? — Quels sentiments doit-on avoir vis-à-vis des peuples étrangers ? — Vis-à-vis de son propre pays ?

RÉSUMÉ.

Par ses frontières terrestres, la France touche à quelques-uns des pays les plus importants de l'Europe, l'Allemagne, l'Italie, l'Espagne.

Elle doit à ses montagnes de grands avantages naturels : un abri contre les vents, un réservoir d'eau pour ses rivières.

Il y a entre les habitants de la France des traits communs qui les distinguent des autres peuples.

Le Français est généreux, sociable*, actif, désintéressé*, pas vindicatif* ; il défend volontiers la cause des faibles. C'est un honneur d'être Français, quand on est digne de ce nom.

CINQUIÈME LEÇON

LA NATION FRANÇAISE.

27. — Les petits enfants de l'école de M. Bernard étaient donc très fiers d'être Français. Mais ils avaient été surpris d'entendre qu'il y avait des différences entre les Français et ils ne comprenaient pas comment tous ces Français du Nord, du Midi, de l'Est, de l'Ouest, qui ne se connaissaient pas, qui ne s'étaient jamais vus pouvaient former une même grande famille.

— « D'abord, dit M. Bernard, tous les Français

27. — Tous les Français parlent-ils la même langue ?

parlent la même langue ; et qu'importe que les uns soient blonds, les autres bruns, qu'il y en ait de plus grands ou de plus petits, pourvu qu'ils se comprennent quand ils se parlent et qu'ils se servent de la même langue ?

28. — « J'ai entendu dire à un homme qui avait beaucoup voyagé dans les pays étrangers, et qui passait quelquefois des semaines entières sans entendre un mot de français, que lorsque, par hasard, il trouvait une personne qui sût le français, il lui semblait revoir un de ses parents, il croyait être de retour en France. C'est qu'on est tout disposé à aimer ceux qui parlent la même langue que soi-même. Deux hommes qui depuis leur enfance parlent la même langue se sentent frères.

29. — « S'il y avait parmi vous un petit Anglais, un petit Russe, un petit Espagnol nouvellement arrivé, il ne vous comprendrait pas, vous ne le comprendriez pas ; vous seriez forcés de vous parler par signes ; vous ne pourriez pas jouer long-temps ensemble. Alors vous sentiriez que quand on ne parle pas la même langue, on est étranger les uns aux autres.

---

28. — Quels sentiments éprouve l'homme qui entend parler la langue de son pays chez un peuple étranger ? — Quels sentiments éprouvent l'un pour l'autre deux hommes qui parlent la même langue ?

29. — Deux hommes qui ne parlent pas la même langue peuvent-ils se sentir attirés l'un vers l'autre ?

30. — « Qu'ils soient du Nord ou du Midi, tous les Français sont gouvernés par les mêmes lois ; il y a des siècles qu'ils ont les mêmes institutions politiques ; qu'ils se battent contre les mêmes ennemis ; qu'ils ont les mêmes joies quand la France est victorieuse et la même tristesse si elle vient à être vaincue. C'est bien assez pour sentir qu'ils forment comme une grande famille. Dans une famille, si le père ou la mère est malade, tous les enfants éprouvent un chagrin égal ; s'il leur arrive quelque chose d'heureux, la joie est grande pour tous et on se réjouit en commun. De même dans cette grande famille qu'on appelle une *nation*.

31.— « La Patrie, ce n'est pas seulement le sol sur lequel on est né, ni même le sol de la France. Aimer la Patrie, c'est aimer le gouvernement de son pays, ses lois, s'enorgueillir* des grands faits de son histoire, être prêt à tous les sacrifices pour soutenir sa puissance. Voilà le sentiment qui fait de ces millions de cœurs des Français un seul cœur, de ces millions d'êtres si divers en apparence un peuple de frères. »

32. — Pour montrer à ses élèves le modèle le

---

30. — Comment les Français sentent-ils qu'ils forment une grande famille ? — A quoi peut-on comparer une nation ?

31. — Faut-il confondre la patrie et le sol du pays ? — Définir l'amour de la patrie ?

32. — Montrer comment les souvenirs de l'histoire peuvent développer l'amour de la patrie ?

plus parfait de l'amour de la patrie, M. Bernard leur lut ensuite l'histoire de Jeanne d'Arc. Il leur montra cette femme héroïque luttant contre les Anglais, faisant sacrer un roi de France, mourant sur un bûcher. A ce récit, leurs yeux s'étaient tous à la fois baignés de larmes, et quand l'heure de la récréation eût sonné, quelques-uns ayant proposé de jouer à la bataille, il ne se trouva personne qui voulût représenter les Anglais. Ils avaient compris ce que c'était que la France et comment il fallait l'aimer.

RÉSUMÉ.

Les millions d'hommes qui forment la Nation française sont unis les uns aux autres, même sans se connaître, parce qu'ils parlent la même langue, parce qu'ils ont dans leur histoire des souvenirs communs.

Une *nation* est comme une *grande famille* dans laquelle on a les mêmes sujets de joie, de fierté ou de tristesse.

La *patrie*, ce n'est pas seulement le sol qui nous porte : c'est le gouvernement du pays, ses lois, les grands faits de son histoire. Tout cela unit les cœurs.

SIXIÈME LEÇON

LA FÊTE NATIONALE.

33. — Le jour de la Fête nationale approchait. Il ne fut pas difficile de faire comprendre aux enfants pourquoi on avait fixé un jour pour célébrer la Fête de la Patrie. Ils savaient en effet que dans les familles bien unies, c'est un jour de réjouissance que l'anniversaire de la naissance du père, de la mère, des frères, des sœurs. On aime ce jour-là à offrir quelque chose à celui que l'on veut fêter, un bouquet, une fleur, un livre. Ces fêtes de famille laissent dans le cœur le plus charmant souvenir.

---

33. — A quoi peut-on comparer la Fête nationale ?

La Fête nationale est comme une grande fête de famille, la fête de tous en l'honneur de la Patrie, la Fête de la France.

34. — Cette fête se célèbre le 14 juillet, en souvenir de la prise de la Bastille *, qui fut un des premiers actes de la Révolution de 1789, à laquelle la France doit beaucoup.

Bien que Montarels ne fût qu'un village de médiocre importance, comme tout le monde y était patriote *, on se préparait à célébrer dignement la Fête nationale.

Dès 6 heures du matin, on tira sur la place des coups de fusils dont la détonation devait remplacer celle des canons qu'on n'avait pas, le soir on fit partir des fusées.

35. — On avait dressé des mâts tricolores le long desquels flottaient joyeusement des drapeaux et de longues banderoles. Comme au mois de juillet, tout est vert et en fleurs, on avait orné le devant des portes de feuillages et de bouquets, comme on a coutume de le faire dans les grandes réjouissances, dans les noces par exemple.

Tout le monde paraissait avoir le cœur à la joie ; on s'abordait dans la rue, on causait, on riait. C'était vraiment un peu la fête de chacun, puisque c'était la Fête de la Patrie, c'est-à-dire la Fête de tous.

---

34. — Quand se célèbre la Fête nationale ?

36. — Il y avait dans le village un *Orphéon*, c'est-à-dire une réunion de jeunes gens et d'hommes qui s'exerçaient, sous la direction d'un maître, à chanter et à jouer de divers instruments. L'orphéon de Montarels avait même quelque réputation : dans les concours de musique qui s'étaient tenus au chef-lieu du département, il avait obtenu comme récompense une médaille d'or et une médaille d'argent que l'on voyait briller sur sa belle bannière de velours vert.

L'orphéon traversa, bannière en tête, les principales rues du village ; tous les enfants de l'école, en habits du dimanche, suivaient, joyeux de faire partie d'un pareil cortège*.

37. — L'orphéon s'arrêta sous les fenêtres du maire ; les hommes qui le composaient se mirent en cercle, et à un signal du maître de musique qui les dirigeait avec sa baguette, instruments et chanteurs firent entendre des chants nationaux.

À midi, il y eut un grand banquet. On avait arrangé pour cela la Halle dont les murs et les piliers disparaissaient sous les feuillages, les banderoles, les écussons*. Le maire s'assit à la place d'honneur*, entouré des conseillers municipaux. On y voyait aussi l'instituteur, le médecin, le notaire, les principaux habitants du village. À la fin le maire prononça un discours dans lequel il parlait de l'amour de la patrie, il faisait des vœux pour la santé du Président de la République. Il termina en s'écriant : Vive la France ! et tous les habitants répétèrent ce cri en applaudissant.

38. — Les malheureux n'avaient pas été oubliés. Le maire avait dit dans son discours que tous devaient prendre leur part des réjouissances publiques ; et on venait de faire à la porte de la mairie une abondante distribution de vivres, de vêtements, de chaussures.

Le soir, les habitants les plus aisés avaient suspendu à leurs fenêtres des lanternes multicolores. Il y avait dans les rues un éblouissement de clartés, et sur la porte de la mairie deux grandes lettres éclairées avec des lampions bleus, blancs et rouges brillaient joyeusement. C'étaient les lettres R. F., c'est-à-dire en quelque sorte la signature de la République Française.

39. — Le plus riche propriétaire du village, M. Martin, avait apporté de la ville un feu d'artifice qui fut tiré sur la place. Les enfants étaient émerveillés. Il y eut ensuite une retraite aux flambeaux, musique de l'orphéon en tête, et dans la nuit, plus d'un enfant rêva pendant son sommeil qu'il revoyait les fusées, les illuminations, qu'il entendait le bruit des réjouissances de la Fête de la Patrie.

RÉSUMÉ.

Il doit y avoir une Fête de la Patrie, une Fête Nationale, comme il y a des fêtes de famille ; la Patrie étant la grande famille des Français.

SEPTIÈME LEÇON

LE 14 JUILLET.

10. — « J'étais par hasard à Paris le 14 juillet 1880, lorsque la Fête nationale fut célébrée pour la première fois en France. Elle le fut d'une façon si brillante, si patriotique, que vous aurez plaisir à l'entendre raconter.

« Il n'y a peut-être pas de ville en France dans laquelle le peuple ait des sentiments plus patriotiques qu'à Paris. Il semble que chaque habitant rivalise* avec son voisin pour prouver avec quelle

---

10. — Quand fut célébrée pour la première fois en France la Fête nationale ? — Fut-elle célébrée avec patriotisme, à Paris surtout ?

passion il aime son pays. C'est à peine si dans les centaines de rues et de boulevards de la grande ville, il y avait un petit nombre de maisons qui n'eussent pas été pavoisées*. Même dans les quartiers les plus pauvres, c'étaient partout des drapeaux, des guirlandes, des fleurs, des devises* en l'honneur de la France.

11. — « A midi, il devait y avoir, dans le grand parc des environs de Paris qu'on appelle le bois de Boulogne, une grande revue de 50,000 hommes. Une quantité prodigieuse d'hommes, de femmes de tout âge et d'enfants couvrait les alentours du champ de manœuvre. Les avenues qui y conduisaient étaient pleines de monde.

« Une salve* de coups de canon annonça que la fête allait commencer. On aperçut bientôt dans un nuage de poussière quelques voitures magnifiquement ornées, précédées d'un escadron de cuirassiers*, le sabre au poing. Le sol tremblait sous les pas des chevaux, et le soleil étincelait sur les casques*, sur les sabres. On me dit que c'était le président de la République qui arrivait avec le président de la Chambre des députés, le président du Sénat et les ministres. Un immense cri de : *Vive la République!* poussé par trois cent mille poitrines salua leur arrivée. Avec une lorgnette, je pus voir le Président de la République qui

---

11. — Décrire les apprêts de la grande revue faite au bois de Boulogne.

s'inclinait pour saluer cette foule de citoyens français.

42. — « On devait faire ce jour-là à tous les régiments de l'armée française une distribution de drapeaux. Chacun attendait ce moment avec émotion ; car le drapeau, c'est comme le signe visible de la patrie. C'est autour de lui que dans les batailles nos soldats combattent et se font tuer quand il le faut. Ce morceau d'étoffe tricolore représente l'honneur de la France.

43. — « Les cœurs battaient bien fort quand on vit s'avancer fièrement un officier. Il monta les degrés de l'estrade*, s'inclina devant le Président de la République, puis étendit la main. On ne pouvait entendre ses paroles, mais on comprit qu'il venait de prêter le serment* de défendre le drapeau qui lui serait confié, de servir la France et la République. Le Président de la République lui remit alors un drapeau sur lequel brillaient ces mots : *Honneur et Patrie !* »

44. — « L'un après l'autre, on vit défiler* devant le Président de la République les officiers qui représentaient tous les régiments* de la France. Il y en avait de tout âge et de tout grade*. Mais ils étaient tous graves, fiers, émus.

---

42. — Qu'est-ce que le drapeau ? — Que représente le drapeau ?
43, 44. — Décrire la cérémonie de la distribution des drapeaux.

« Tout à coup, on entendit comme un grondement formidable et sourd ; c'était le défilé* des troupes qui commençait, l'artillerie* et la cavalerie* qui s'ébranlaient. 50,000 hommes défilèrent devant la tribune* du Président de la République. Les officiers abaissaient leur sabre devant lui, et à son tour il se découvrait pour saluer le drapeau. Quand tout fut fini, le cortège* du Président de la République repartit, et la foule s'écoula.

« Le soir, la ville tout entière fut illuminée ; elle semblait en feu ; à plusieurs kilomètres hors de Paris, on pouvait voir la lueur des illuminations se projeter sur le ciel et le teindre d'une couleur d'or. »

RÉSUMÉ.

Le 14 juillet 1880, la Fête nationale fut célébrée pour la première fois dans toute la France.

Elle fut brillante, à Paris surtout. Le Président de la République fit ce jour-là à tous les régiments français une distribution de drapeaux.

Le drapeau est l'image de la Patrie. C'est autour du drapeau que les soldats combattent pour la défendre. C'est le drapeau qui représente la Patrie dans les pays étrangers.

Aimer, honorer le drapeau français, c'est aimer, honorer la France elle-même.

HUITIÈME LEÇON

LA REVUE.

45. — Jules, étant allé au chef-lieu du département avec son père, avait eu l'occasion d'assister à une revue militaire. M. Bernard lui demanda d'en faire le sujet d'une petite narration, et comme ce devoir n'était pas mal fait du tout, M. Bernard le lut tout haut en classe.

« On m'avait bien dit qu'une revue était une belle chose, mais je n'aurais jamais cru que ce fût si beau. Quand nous sommes arrivés de bonne heure, papa et moi, sur la place qu'on appelle le Polygone*, il y avait déjà dans le fond une grande quantité de soldats et de chevaux ; mais ils étaient très loin, et nous ne pouvions pas bien les distinguer.

46. — « Tout à coup on tira un coup de canon, et en même temps une troupe de soldats à cheval, des dragons*, est arrivée au galop devant nous ; c'était la troupe qui précédait le général. Celui-ci montait un beau cheval noir très vif ; il avait un chapeau à plumes et des éperons d'or. Il était suivi d'une vingtaine d'officiers : ce sont ceux qui doivent porter ses ordres dans les batailles. On appelle cette petite troupe d'officiers l'*état-major* du général.

47. — « Puis le général est passé lentement devant les troupes et les a examinées avec attention. Il parait que s'il y avait la plus petite chose qui n'allât pas bien, si les fusils étaient mal tenus, les sacs mal faits, le général le verrait tout de suite et punirait les soldats négligents. Il a même le droit de punir les officiers. Papa dit que cette sévérité est nécessaire pour la discipline, c'est-à-dire pour que chacun fasse ce qu'il a à faire ; il dit que sans discipline, il n'y a pas de bonne armée possible.

---

46. — Qu'appelle-t-on l'état-major d'un général ?

47. — Que fait le général quand il passe une revue ? — Peut-il punir les soldats, les officiers ? — Qu'est-ce que la discipline ? — A quoi sert la discipline ? — Qu'appelle-t-on un défilé ?

« Je crois que le général avait été content de son inspection, car il avait l'air de bonne humeur quand il est revenu se poster devant nous pour voir le défilé*. Toutes les troupes sont passées devant lui.

48. — « Il y avait d'abord les soldats à pied, les fantassins, portant leur fusil et leur sac. Papa les appelle les *lignards*, mais ce n'est pas pour se moquer d'eux ; au contraire, il dit que ce sont ceux qu'il aime le mieux, parce qu'ils représentent le peuple, et que dans toutes les batailles ce sont eux qui souffrent le plus et font le plus de besogne. En effet, ils avaient un air tout à fait martial, quoiqu'ils fussent bien fatigués par la chaleur et la poussière. Ils ne bronchaient pas ; et comme ils allaient au pas ! On aurait dit qu'il n'y avait qu'un seul homme.

49. — « Les cavaliers sont arrivés droit sur nous au grand galop ; on a dit qu'ils faisaient une charge*. Il semblait qu'ils allaient nous écraser, et comme ils étaient déjà tout près, il y a des dames qui sont parties en criant. Mais ces milliers de chevaux se sont arrêtés net devant nous, et n'ont fait de mal à personne. Tout le monde a dit que cette charge* avait été superbe.

---

48. — Qu'est-ce que les fantassins ? — Quel surnom leur donne-t-on quelquefois ? — Que représentent-ils ? — Ont-ils un rôle important dans les batailles ?

49. — Qu'appelle-t-on une charge de cavalerie ? — Décrire une charge.

50. — « J'aime bien les cavaliers ; mais je préfère les artilleurs*. On m'a expliqué ce que c'était qu'une batterie ; c'est la réunion de six canons, attelés chacun de six chevaux, avec leurs caissons dans lesquels il y a les boulets et la poudre. Les artilleurs ont défilé* au grand trot, et ces gros canons faisaient trembler le sol.

« Nous avons eu bien peur à un moment ; un cheval est tombé, et on a cru que le soldat était tué. Le médecin du régiment* qui était là est accouru ; on a relevé l'homme et on l'a mis dans une voiture fermée qu'on appelle une ambulance*. Heureusement ce n'a rien été ; nous en avons été bien contents ; car si le soldat eût été blessé, tout notre plaisir aurait été gâté.

RÉSUMÉ.

Les généraux passent quelquefois la revue des troupes, qu'ils font manœuvrer devant eux, pour voir si elles sont bien exercées, si les armes sont bien tenues, si les soldats ont leurs vêtements, leurs chaussures en bon état.

Ils s'assurent si la discipline est respectée, c'est-à-dire si chacun fait bien son devoir, si le soldat obéit, si l'officier a soin du soldat. Sans discipline, il n'y a pas de bonne armée.

---

50. — Qu'est-ce qu'une batterie ? — De quoi se compose une batterie. — Y a-t-il un médecin dans tous les régiments ?

46 à **50**. — Décrire une revue militaire.

NEUVIÈME LEÇON

L'ARMÉE.

51. — Quand il eut fini la lecture du récit de la revue, M. Bernard demanda à Jules :

— « Avez-vous trouvé, Jules, qu'il y eût beaucoup d'hommes à la revue? »

— « Oh! oui, monsieur; il y en avait au moins mille. »

— « Bien davantage. Vous n'êtes pas encore bien habile à juger du nombre des soldats d'une armée. Le journal m'apprend qu'il y avait dix mille hommes. »

---

51. — Quel est à peu près le chiffre des hommes qui forment l'armée française?

— « Dix mille hommes! Mais alors c'était une vraie armée! »

— « Vous savez qu'il y a eu le même jour une revue dans toutes les villes de France de quelque importance. Il n'y avait pas dix mille hommes à chaque revue. Mais si vous additionnez le nombre des hommes qui ont figuré dans chacune de ces revues, vous aurez un chiffre énorme : cinq à six cent mille hommes peut-être, plus de cent mille chevaux : une armée formidable. C'est l'armée de la France.

52. — « Vous savez à quoi sert l'armée? »

— « A faire les batailles, dit Georges. »

— « Oui; mais pourquoi fait-on les batailles? »

— « Si un peuple venait attaquer la France, il faudrait bien le repousser et le chasser par la force.

— « Fort bien; et alors il faudrait en effet livrer bataille. Dans ce cas, la guerre, c'est-à-dire l'état de deux peuples qui se livrent bataille, est une chose juste, nécessaire. On ne doit faire la guerre que pour se défendre.

53. — « Mais si on attendait pour songer à se défendre, que les ennemis fussent entrés sur le territoire de la France, eussent envahi nos villes, brûlé nos campagnes, il serait peut-être bien tard pour se préparer à les repousser.

---

52. — A quoi sert l'armée ? — Dans quel cas une guerre est-elle juste ? — Qu'est-ce que la guerre ?

53. — Serait-il prudent d'attendre que le pays soit attaqué pour s'occuper de former une armée ? — Pourquoi les pays civilisés entretiennent-ils en tout temps une armée ? — Qu'est-ce qu'un soldat ?

« Il faut s'y prendre à l'avance. C'est pour cela que tous les pays qui veulent garder leur indépendance, entretiennent toujours un grand nombre d'hommes exercés au métier de la guerre, bien armés, et dont la fonction est de préserver le pays de toute attaque. Cette réunion d'hommes spécialement chargés de la défense du pays s'appelle l'*armée*. L'homme qui fait partie de l'armée est un *soldat*.

54. — « Vous êtes-vous demandé où l'on prenait tous ces soldats?

— « Sans doute il n'y a qu'à prendre ceux qui se présentent; comme le fils de Rose, la fermière, qui s'est engagé l'an passé. »

— « Oui, on prend ceux qui se présentent, pourvu qu'ils aient au moins dix-huit ans. Mais on n'en trouverait pas trente mille par an. Ordinairement on ne se fait pas soldat par plaisir. On a autre chose à faire : les gens de la campagne ont la terre à cultiver, ceux de la ville travaillent pour gagner leur vie comme ouvriers; d'autres étudient pour devenir médecins, avocats*, ingénieurs, professeurs. A quel moment voulez-vous que tous ces jeunes gens se fassent soldats?

55. — « Eh bien alors, il faudrait payer les gens pour qu'ils se fassent soldats. »

---

54. — Où prend-on les soldats ? — Quel âge faut-il avoir pour être soldat ? — Les habitants d'un pays n'ont-ils pas autre chose à faire que d'être soldats ? — Exemples.

55. — Pourquoi serait-il indigne de n'avoir pour soldats que des hommes payés exprès ? — Expliquer pourquoi tout homme valide* a le devoir d'être soldat. — Prouver par un exemple.

— « Y songez-vous, enfants ? Mais être soldat, ce n'est pas un métier comme garder les moutons ou casser des pierres sur un grand chemin. Le soldat remplit un devoir. Quand le sol de la patrie est menacé et que les ennemis sont sur le point de tout ravager, qui est en péril ? Sont-ce les soldats seulement ? Est-ce seulement Pierre ou Guillaume ? Ne sont-ce pas plutôt tous les habitants du pays ? Chacun a sa part du danger, de la ruine.

« Il est donc du devoir de chacun de se lever et de s'armer pour défendre le pays et repousser l'envahisseur*. Dans une maison qui brûle, chacun ne sent-il pas qu'il est de son devoir de courir au feu pour l'éteindre ? C'est la même chose dans un pays envahi. »

RÉSUMÉ.

Chaque pays doit songer à se défendre quand il est attaqué.

La guerre, qui produit tant de malheurs et tant de ruines, est pourtant juste quand un pays ne la fait que pour se défendre.

On appelle *armée* la réunion des hommes exercés au métier des armes et qui sont chargés de défendre le pays en cas de besoin. Les hommes qui composent l'armée sont des *soldats*.

C'est un devoir pour tout homme valide* de défendre son pays attaqué et de se préparer par le service militaire à bien remplir cette obligation.

DIXIÈME LEÇON

L'ARMÉE (suite).

56. — « Croyez-vous qu'au dernier moment il suffirait de faire appel à tous les hommes bien portants? Ils viendraient sans doute; car les patriotes* n'ont jamais manqué en France. Mais que vaudront ces hommes qui n'auront jamais été exercés, qui ne sauront ni marcher, ni manœuvrer, ni tenir un fusil?

« Cela pouvait aller lorsque les hommes combattaient à coups de massue* et de fronde*. Aujour-

---

56. — Pourquoi n'attend-on pas d'être en état de guerre pour réunir une armée? — Cela était-il possible autrefois? — Que valent des soldats non exercés? — Citer le mot d'un général.

d'hui les choses sont bien changées. J'entendais un bon général dire un jour que les hommes non exercés ne sont bons à rien sur un champ de bataille et qu'il aimerait autant conduire un troupeau de moutons.

57. — « Aussi la loi de notre pays veut-elle que tout le monde soit soldat pendant un certain temps, pour apprendre le maniement des armes, les manœuvres. Tout le monde, entendez-vous bien, doit le *service militaire.* C'est un devoir, et en même temps un honneur.

« De cette façon, si un jour une guerre venait à éclater, tous les Français ayant été exercés pourraient faire de bons soldats et défendre victorieusement la patrie.

58. — « Le service militaire dure 5 ans. Dans certains cas, lorsque le jeune homme qui doit le service militaire est très instruit, quand il a passé certains examens* qui prouvent qu'il peut faire un bon soldat, il sert pendant un an seulement. Avez vous bien compris ?

— « Oui, dit Georges. Tous les Français doivent le service militaire sans exception. C'est un hon-

---

57. — Quelle est la loi française relative au service militaire ? — Le service militaire est-il seulement un devoir ?

58. — Combien dure le service militaire ? — Dans quel cas dure-t-il moins ? — Après 25 ans, doit-on le service militaire ? — Pourquoi ? — Qu'est-ce que la réserve de l'armée active ? — L'armée territoriale ?

neur de servir son pays. On reste cinq ans sous les drapeaux; puis on est quitte. »

— « Pas tout à fait. Un jeune homme de 25 ans est encore valide*. Il peut arriver que plus tard la France ait besoin de lui. Il faut donc qu'il continue à s'exercer de temps en temps. Aussi la loi exige-t-elle que tout Français fasse partie de l'armée jusqu'à l'âge de 40 ans, et soit appelé de temps en temps sous les drapeaux pour s'exercer. Cette partie de l'armée s'appelle la *réserve* et *l'armée territoriale*. »

59. — « Et les officiers? Est-ce qu'ils font seulement 5 ans de service? »

— « Il faut encore plus de temps pour faire un bon officier que pour faire un bon soldat. Aussi n'est-ce pas par hasard qu'on est officier. Les hommes qui veulent devenir officiers se préparent de bonne heure à mériter un grade* dans l'armée. Ils entrent à l'école de *Saint-Cyr* ou à l'*École polytechnique*, après un concours.

— « Qu'est-ce qu'un concours? »

— « C'est un examen après lequel on donne à chacun un rang suivant son mérite; on reçoit seulement les 100 ou les 200 premiers. C'est comme si l'on disait que ces jeunes gens courent ensemble pour arriver au même but, qui est le grade * de sous-lieutenant, et que les 100 premiers seulement seront nommés. »

---

59. — Comment choisit-on les officiers ? — De quelles écoles sortent-ils ? — Qu'est-ce qu'un concours ? — Expliquer par un exemple.

60. — « Mais, dit Georges, le capitaine Garet, qui demeure ici maintenant, a été soldat. Il dit souvent : « Quand je portais le sac... »

— « Oui, et cela vous prouve qu'on peut devenir officier en sortant des rangs des soldats. Il suffit d'avoir le mérite nécessaire et une bonne conduite. On dit que chaque soldat a son bâton de *Maréchal** dans sa giberne. Dans un pays comme la France où le travail, le mérite, la bonne conduite fixent les rangs, les simples soldats peuvent espérer arriver à tous les grades*. Cela doit leur donner un fier courage, n'est-ce pas ? »

RÉSUMÉ.

Il faut du temps et des exercices spéciaux pour faire un bon soldat.

La loi française veut que tout Français âgé de 21 ans, bien portant, soit soldat pendant un temps plus ou moins long.

Les soldats appelés au service à l'âge de 21 ans forment l'armée *active*.

Il y a aussi la *réserve de l'armée active* et *l'armée territoriale*.

Les officiers sont nommés, après des examens* difficiles et au concours. On peut arriver au grade* d'officier après avoir été simple soldat.

60.— Un simple soldat peut-il devenir officier ? — Citer un mot à ce sujet.

ONZIÈME LEÇON

LE VIEUX MARIN.

61. — Il y avait à Montarels un vieux matelot
retraité* qui avait fait de longues navigations et
beaucoup de campagnes. Comme tous les marins,
il avait la passion de son ancien métier; et on
voyait qu'il l'avait rempli avec honneur, parce
que sa poitrine, le dimanche, était toute brillante
de médailles.

Voulant donner à ses élèves une idée de la marine et des forces de la France sur mer, M. Bernard invita un jour le vieux marin Grégoire à en

parler devant eux. Grégoire ne se le fit pas dire deux fois, je vous assure.

62. — « Mes amis, dit Grégoire, vous avez bien entendu parler des colonies de la France. Ce sont des contrées souvent très éloignées de la France, et qui en sont quelquefois séparées par des mers d'une immense étendue; des Français s'y sont établis pour cultiver la terre, faire du commerce; ces colonies sont comme autant de morceaux de la France disséminés un peu partout.

« Ce n'est pas une raison, n'est-ce pas, parce que ces Français des colonies sont très éloignés de nous pour que la France les oublie et ne les protège pas s'ils sont attaqués, ou seulement ennuyés, par d'autres peuples.

63. — « Vous comprenez alors qu'il faut qu'un grand pays comme la France ait une marine, c'est-à-dire des vaisseaux, des matelots, des officiers de marine. Car vous pensez bien qu'un régiment* n'ira pas à la nage en Afrique, par exemple.

« Il faut longtemps pour former un bon soldat; mais il faut bien plus longtemps pour former un bon marin. Aussi ceux qui veulent être marins

---

62. — Qu'appelle-t-on des colonies ? — Pourquoi la France doit-elle protéger ses colonies ?

63. — Pourquoi est-il nécessaire que la France ait une marine ? — Qu'appelle-t-on une marine ? — Faut-il longtemps pour former un marin ?

peuvent être appelés au service de vingt à soixante
ans. C'est un dur métier, et pourtant, si vous voulez en croire le père Grégoire, il n'en est pas de
plus beau.

64. — « Le dernier vaisseau sur lequel j'ai
navigué s'appelait *la Provence :* c'était un cuirassé ;
c'est-à-dire que sa coque était garnie de plaques
d'acier pour amortir* le choc des boulets. Ce sont
les plus forts navires que l'on fasse : ils peuvent
porter sept ou huit cents matelots. Ils ont des canons énormes qui lancent des boulets pesant plus
de 100 kilogrammes à 6 ou 7 kilomètres. C'est un
beau vacarme quand tous ces canons tirent à la
fois pour bombarder* un fort ennemi, comme nous
le fîmes en Océanie, il y a quelques années.

65. — « Il faut de fameux officiers pour diriger
de pareils navires, pour manœuvrer des machines
si compliquées. Aussi ne sont-ce pas les premiers
venus : ils sortent d'une école qui est à Brest, que
l'on appelle l'*École navale*. A dix-huit ou dix-neuf
ans, ils sont officiers.

« De simples matelots peuvent devenir officiers
et amiraux* même. Ainsi l'amiral* qui commandait
l'escadre française, c'est-à-dire tous les vaisseaux
de guerre français, lors du bombardement dont je

---

64. — Qu'appelle-t-on un cuirassé ? — A quoi servent-ils ?
65. — Où prend-on les officiers de marine ? — Où est l'École navale ?
— De simples matelots peuvent-ils devenir officiers, amiraux même ?

vous parlais, était fils d'un pêcheur, et il avait commencé par être mousse*. Mais c'était une fière tête, et il n'avait peur ni de la mer ni des boulets, je vous le jure.

66. — « Quand on est dans un pays étranger, où personne ne parle français, qu'on est entouré de sauvages, par exemple, alors, mes enfants, il semble que les planches du bâtiment sur lequel on est monté représentent toute la Patrie : on regarde avec amour le drapeau qui rappelle le cher pays de France. Voilà sans doute pourquoi, nous autres marins, nous aimons tant notre navire : c'est qu'il est à nos yeux, en pays étranger, la Patrie elle-même. »

RÉSUMÉ.

Un pays comme la France, baigné par la mer, ne peut se dispenser d'avoir une marine, c'est-à-dire des vaisseaux, des matelots, des officiers de marine.

La vie des matelots est rude et glorieuse. Ils peuvent être appelés au service de 20 à 60 ans.

Ce sont eux qui défendent l'honneur de la France dans les pays lointains et qui la font respecter au delà des mers.

---

66. — Expliquer pourquoi les marins aiment tant leur métier et leur navire.

DOUZIÈME LEÇON

DEUX HÉROS.

67. — Un jour qu'il mettait de l'ordre dans les vieux papiers de sa bibliothèque, M. Bernard jeta les yeux sur un journal jauni qui semblait avoir été mis en réserve. Il le prit ; puis appelant les élèves de sa classe qui jouaient dans le préau*, il leur lut la touchante histoire qui suit :

« C'était pendant la dernière guerre, au lendemain d'une bataille qui avait coûté à l'armée française beaucoup de morts. Les blessés entassés

dans les ambulances* souffraient de la fièvre, de
la faim, du froid. Les infirmiers* ne pouvaient suffire
à leur tâche et les chirurgiens* allaient d'un blessé
à l'autre, pansant les plaies.

68.— « Un vieux soldat avait reçu une affreuse
blessure à la jambe ; on parlait de lui couper ce
membre qu'on ne pouvait lui conserver. Le chirurgien* voulait l'endormir pour lui épargner de
cruelles souffrances. Mais le vieux soldat n'ignorait
pas que l'ambulance* n'était pas riche en remèdes
et que le chloroforme* dont on se sert pour endormir
les malades y était rare.

— « Non, dit-il, faites votre besogne, monsieur le
médecin, et gardez le chloroforme* pour de plus
jeunes qui seraient moins habitués à souffrir. »

« Il subit son opération sans pousser un cri. Il
était soutenu par cette pensée qu'il épargnerait à
un jeune mobile*, blessé comme lui, de cruelles
douleurs. C'était un héros de charité. »

69. — Ce récit émut les enfants et fit battre
leur cœur d'admiration.

— « Voici encore, continua M. Bernard, une
histoire de héros, et celle-là est toute récente. Depuis trois mois le choléra ravageait l'Égypte. Dans
les grandes villes, les morts se comptaient par

---

68. — Raconter l'histoire de ce vieux soldat de la guerre de 1870 qui
fut un héros de charité.

centaines. Des villages entiers avaient été détruits;
pas un habitant dans certaines localités n'avait sur-
vécu. Tout le monde fuyait devant le fléau. Mais
ceux que l'amour du prochain et la passion de la
science inspirent, ne fuient jamais.

70. — « Il y a en France un grand savant,
M. Pasteur, qui depuis de longues années étudiait
cette terrible maladie que l'on appelle le choléra.
Par ses soins, un certain nombre de jeunes savants
formés par lui s'offrirent pour aller en Égypte,
examiner les malades, observer le mal et chercher
les moyens de le guérir.

« Ils étaient jeunes, pleins d'espoir, bien portants. Ils quittaient volontairement un pays admi-
rablement sain pour se rendre dans une contrée
infestée. Mais le sentiment du bien à faire les ani-
mait.

71. — « Pendant un mois, ils firent merveille au
milieu des ravages du mal. Déjà le choléra dimi-
nuait; on ne comptait plus que de rares victimes.
Tout à coup, un des jeunes savants français se
sent indisposé; il se met au lit; le mal fait des
progrès effrayants. En quelques heures, cet infor-
tuné jeune homme est frappé de mort. Il s'appelait

---

70. — Quel est le savant français qui s'est illustré par ses recherches
relatives aux épidémies ?
71. — Raconter la mort héroïque de Thuillier.

Thuillier. Lui aussi est un héros. Les ministres
ont écrit à ses parents qu'il était mort victime de
son dévouement à la science, de son amour pour
son pays. Il y a bien des façons d'honorer la
France ; on peut mourir pour elle sans être tué sur
un champ de bataille. N'oubliez pas le nom de ce
jeune savant, qui fut celui d'un brave. »

RÉSUMÉ.

On peut servir et honorer son pays de bien des façons :
le soldat qui se fait tuer sur le champ de bataille, celui
qui supporte une souffrance pour l'épargner à un autre, le
médecin, l'infirmier qui meurent en soignant des malades
contagieux, honorent et servent leur pays ; ils ont fait les
uns et les autres des actes d'héroïsme.

TREIZIÈME LEÇON

UN BRAVE HOMME.

72. — M. Bernard prit le journal (1) et lut ce qui suit :

« La mer était grosse ce matin à Trouville* ; elle était soulevée par la tempête. Une pauvre barque de pêche montée par trois hommes avait été lancée par les vagues contre les rochers. Elle s'était entr'ouverte et elle s'enfonçait, s'enfonçait plus avant de minute en minute. Pas un sauveteur* pas de secours !

(1) Extrait du Journal *le Temps* (30 août 1884, article de M. Claretie).

---

72 à 74. — Raconter l'acte de dévouement accompli par le sauveteur Potel.

« Alors un homme accourt. Il est robuste, tête
nue, la barbe longue. C'est Potel, le baigneur des
Roches-Noires. Partout où il y a un danger, il
accourt.

73. — « Il prend deux hommes, saute dans
une barque, et là, sous les yeux de la foule, il va
vers le bateau qui a sombré. La barque saute,
s'enfonce, rebondit sur la vague, disparaît, repa-
raît. Elle s'approche du bateau, reçoit les pauvres
gens effarés, arrachés à une mort certaine. Potel
et ses compagnons rament à tour de bras et dé-
posent sur le rivage les naufragés vomissant l'eau
qui les étouffait.

74. — « Tout le monde entoure Potel, le fé-
licite, lui prend les mains. Lui, il répond le plus
naturellement du monde :

— « J'y laisserai ma tête une fois ; mais ça sera
toujours comme ça. Voilà !

« Et comme tout le monde admirait ce brave garçon sur le corps duquel l'eau ruisselait de toutes
parts, une fillette très émue disait à ceux qui l'en-
touraient, avec une fierté douce :

— « C'est papa ! »

75. — « Potel a sa large poitrine couverte de
médailles d'argent et de médailles d'or. Il a sauvé
tant de gens ! Ce matin il sauvait ce patron de
bateau et ses deux hommes ; il y a huit jours, il
sauvait une femme. Et comme il dit : « Ce sera
toujours comme ça ! »

« Tout à l'heure, le maire a touché la veste mouillée de Potel à l'endroit où bat ce vaillant cœur de brave homme et lui a dit :

— « Ah ! cette fois, Potel, il faudra qu'on accroche quelque chose là. »

« Ce quelque chose, ce sera le ruban rouge de la Légion d'honneur *.

76. — « Voilà, certes, un brave homme, continua M. Bernard en repliant son journal. C'est qu'il ne suffit pas, mes enfants, de remplir ses devoirs de citoyen, de respecter les droits d'autrui : tout cela, c'est le moins que nous puissions fair e. Il faut encore y ajouter une grande charité pour nos semblables, il faut savoir se dévouer, exposer sa vie pour eux. Alors, on est deux fois digne de ce titre de *bon citoyen*, qui n'est tout à fait complet que si on peut y ajouter celui de *brave homme*. »

RÉSUMÉ.

Il ne suffit pas de ne pas faire de tort à ses semblables.

Le vrai citoyen ne néglige pas une occasion de faire le bien.

La charité, le dévouement sont parmi les premières vertus de tout bon citoyen.

---

76. — Suffit-il pour être bon citoyen de ne pas faire tort à autrui ? — Que faut-il encore ? — Est-ce un titre précieux que celui de brave homme ?

QUATORZIÈME LEÇON

L'IMPOT.

77. — « Voilà bien longtemps que nous parlons des soldats, dit M. Bernard ; et je suis sûr que vous ne vous êtes pas demandé par qui ils sont nourris. Il en faut, n'est-ce pas, de l'argent pour nourrir chaque jour 500,000 hommes, 100,000 chevaux, pour faire fabriquer des canons, de la poudre, des fusils ? Qui paye tout cela ! »

Comme le disait M. Bernard, les enfants n'y avaient jamais songé.

— « Eh bien, c'est un peu tout le monde, et vous allez voir que c'est bien juste.

77. — Qui paye l'entretien de l'armée ?

78. — « A quoi sert l'armée? à protéger chacun de nous contre l'ennemi, si la France est menacée par la guerre. Grâce à l'armée, chaque Français peut se livrer en toute sécurité à son travail, à ses occupations ordinaires, cultiver son champ, faire du commerce, de l'industrie. L'armée rend donc service à tout le monde. N'est-il pas juste que chacun paye sa part de ces bienfaits et contribue pour une petite portion à son entretien?

79. — « Il y a un grand nombre d'autres dépenses qui profitent à tous les Français quels qu'ils soient. Voyez les routes. Vous comprenez qu'une route coûte très cher à faire et à entretenir. Toute l'année, des milliers de cantonniers sont occupés à les réparer, à combler les trous, à remplir les ornières, à charger la chaussée de cailloux, à faire passer le rouleau pour les écraser.

« Qui se sert des routes? Tout le monde. Il ne faut pas une permission particulière pour aller à Lyon par le grand chemin. On dit souvent, et on a raison : « Le grand chemin est à tout le monde. »

80. — « Et les ponts? Croyez-vous que ce soit une petite affaire de jeter un pont sur un fleuve comme le Rhône, la Loire, la Garonne? — Qui passe sur les ponts? Tout le monde. Si ce n'est pas aujourd'hui, ce sera demain ; si ce n'est pas sur tel pont, ce sera sur tel autre.

---

78. — Prouver qu'il est juste que chacun contribue pour une petite portion à l'entretien de l'armée.

79. — Citer quelques autres dépenses publiques qui profitent à tout le monde ? — Exemple des routes ?

80. — Exemple des ponts.

« Vous avez entendu les anciens du village parler du temps où il n'y avait pas de pont sur le torrent de Peyne ; il fallait le passer à gué, et souvent après les grosses pluies, charrettes et charetiers étaient emportés par le courant.

81. — « Vous voyez donc qu'il y a un certain nombre de services qui profitent à tout le monde. Pour payer ces services, il faut de l'argent ; cet argent, on ne le demande à personne en particulier, mais à tout le monde en général.

Ce ne sont ni Pierre, ni Paul, ni Guillaume, ni Louis qui payent l'entretien de l'armée, des routes, ou des ponts ; mais Pierre, Paul, Guillaume, Louis, tout le monde enfin contribue à payer ces frais.

« Cette petite somme d'argent, cette faible partie de notre fortune qui est demandée à chacun de nous pour payer les dépenses communes, qui profitent à tous, s'appelle l'*impôt.* »

RÉSUMÉ.

Il y a un certain nombre de dépenses qui profitent à tout le monde sans exception : par exemple, l'entretien de l'armée, qui assure la sécurité de tous, la construction et l'entretien de routes et de ponts, qui servent à tout le monde.

Il est juste que, tout le monde profitant de ces avantages, tout le monde contribue à les payer.

C'est à cela que sert l'impôt, c'est-à-dire une petite portion de la fortune de chacun qui est destinée à payer les dépenses qui profitent à tout le monde.

---

81. — Qui paye ces dépenses générales ? — Comment pourriez-vous définir l'impôt ?

QUINZIÈME LEÇON

POURQUOI ON PAYE L'IMPOT.

82. — « Vous comprenez, n'est-ce pas, que rien n'est plus juste que de payer l'impôt? Vous vous rappelez la partie de campagne que nous fîmes l'an dernier à Berniquaud. On avait décidé que chacun payerait sa part. Le soir, nous avons fait les comptes ; chacun avait douze sous à payer pour la voiture et le goûter. Supposons qu'après s'être bien amusé, l'un de vous eût refusé de payer son écot*?

---

82. — Faire comprendre par un exemple combien serait étrange la conduite de celui qui refuserait de payer l'impôt.

— « C'eût été bien vilain, et nous l'aurions chassé de notre jeu. »

— « Ce serait tout à fait comme celui qui, jouissant de tous les avantages de la société, refuserait de payer sa part de dépenses, sous forme d'impôt.

83. — « Je vais vous dire une histoire :

« M. Pernand est un singulier personnage qui ne veut pas payer l'impôt. M. Pernand sort dans la rue pour se promener : — « Pardon, monsieur Pernand ; la rue est à tout le monde, excepté à vous qui ne payez rien pour son entretien. »

« Pour aller au village voisin, M. Pernand ferait bien d'avoir des ailes ; car il n'a pas le droit d'user de la route et du pont ; tout le monde paye pour leur entretien, excepté lui.

84. — « Son fils est un sot qui ne saura jamais ni lire, ni écrire : car on ne veut pas de lui à l'école. Tout le monde paye pour l'entretien de l'école, sauf monsieur son père.

« L'an passé, on vola une vache à M. Pernand. Il alla se plaindre au commissaire de police, qui lui dit : « Je ne vous connais pas, monsieur Pernand ; je suis chargé de protéger la vie et les biens de tout le monde, sauf les vôtres, monsieur Pernand ; car vous ne payez pas l'impôt. Faites-vous rendre votre vache vous-même, mon bon monsieur Pernand.

---

83 à **86.** — Raconter et expliquer l'histoire de M. Pernand. — Quelle est la conclusion à tirer de cette histoire ?

85. — « Il en fut de même au tribunal, un jour qu'il réclamait la succession de sa tante, à laquelle il avait droit en effet. Mais le juge refusa de l'entendre. Il se fâcha, ce bon M. Pernand : « Mais, criait-il, la justice est pour tout le monde ! »

— « Oui, monsieur, dit le juge ; elle est pour tout le monde, sauf pour vous, qui ne payez pas l'impôt. »

86. — « Cette fois, M. Pernand comprit que jusque-là il avait été un sot ; qu'il n'y avait pour lui dans la société ni avantages, ni garanties, et qu'il vaudrait tout autant pour lui vivre dans une île déserte. Il courut chez le percepteur*, qui se moqua bien de lui : « Ah, prenez tout ce que j'ai, criait-il ; mais faites qu'il y ait pour moi dans mon pays des routes, des ponts, des écoles, une police, une justice ! »

— « Vous en serez quitte à meilleur marché, dit le percepteur* ; je ne vous prendrai pas tout ce que vous avez, mais à peine quelques francs. »

« Depuis lors, M. Pernand est toujours le premier à payer l'impôt ; il trouve même que le percepteur* ne demande pas assez, et il dit qu'il est ridicule, pour de si grands avantages, de payer un impôt si léger. »

RÉSUMÉ.

Celui qui, profitant des avantages généraux de la société, refuserait de payer sa part des dépenses communes, mériterait d'en être chassé. Autant vaudrait pour lui vivre dans une île déserte, ou au milieu de sauvages qui menaceraient sans cesse sa vie, sa propriété.

SEIZIÈME LEÇON

COMMENT ON PAYE L'IMPOT.

87. — « Oh ! c'est bien simple. On est averti tous les ans de la somme que l'on aura à payer par un petit papier blanc que vous envoie un employé spécial, et, quand on le peut, dans le courant de l'année, on va porter cette somme chez le percepteur * qui demeure au chef-lieu de canton.

« Vous comprenez bien que chaque Français ne paye pas une somme égale ; ce serait une grande injustice. Toute personne ayant des terres paye

---

87. — Comment sait-on que l'on a à payer l'impôt ?— Chacun paye-t-il une somme égale ? — Pourquoi non ? — Qu'appelle-t-on la contribution foncière ?

un impôt dont le chiffre varie suivant leur importance. L'homme qui n'a qu'un champ ou une vigne ne peut pas payer autant que M. Martin qui possède à lui seul 500 hectares.

« On appelle cet impôt la *contribution foncière*. »

88. — « Il y a d'autres impôts qu'on appelle *contributions indirectes*, parce qu'on ne les paye pas *directement* comme les autres en versant une certaine somme d'argent entre les mains du percepteur*.

« Par exemple, l'impôt sur le vin, l'eau-de-vie, les alcools, la bière, le sucre, le tabac.

« Ces impôts ont ceci d'agréable, que vous pouvez parfaitement vous dispenser de les payer.

— « Et comment cela, dirent les enfants? »

— « En ne prenant jamais ni vin, ni eau-de-vie, ni bière, ni tabac. Ce ne sont pas des choses indispensables, comme le pain, et on peut vivre sans ça. Si vous ne voulez pas vous en passer, vous payerez une petite somme.

89. — « Mais vous payerez sans vous en douter. Vous n'aurez pas besoin d'aller chez le percepteur* porter de l'argent chaque fois que vous voudrez manger un morceau de sucre. Ce serait fort gênant. C'est l'épicier qui payera pour vous, ou le mar-

---

88. — Y a-t-il d'autres impôts ? — Pourquoi les appelle-t-on indirects ? — Exemples. — Peut-on se dispenser de les payer ? — Dans quelle mesure et comment ?

89. — Expliquer comment ces contributions sont payées indirectement.

chand de vins, ou le débitant de tabac ; vous le
rembourserez en payant un peu plus cher la chose
que vous achetez.

« Ce sont les *impôts indirects*.

90. — « Ainsi, sans vous en douter, chacun de
vous paye l'impôt et donne de l'argent à l'État.
Quand vous prenez votre café au lait le matin,
vous consommez du café qui a payé des droits*. Si
vous y ajoutez du sucre pour le rendre plus doux,
le sucre a payé aussi des droits*. Quand vous
ajoutez un peu de vin à votre eau, vous payez
l'impôt pour le vin ; vous le payez pour le sel qui
assaisonne votre viande. Quand vous allumez votre
bougie, vous payez l'impôt des allumettes.

« Sans doute, ce sont vos parents qui payent
pour vous, puisque ce sont eux qui ont acheté
toutes ces choses ; mais vous êtes la cause qu'ils
versent un peu plus d'argent dans la caisse de
l'État. »

RÉSUMÉ.

Il y a deux sortes d'impôts ou *contributions* :
Les *contributions directes*, ainsi appelées parce qu'on
en paye directement les droits* chez le percepteur* ;
Les *contributions indirectes*, ainsi appelées, parce
qu'on en acquitte les droits* *indirectement*, d'une façon
détournée.

---

90. — Tout le monde paye-t-il l'impôt ? — Les enfants eux-mêmes
contribuent-ils ? — Expliquer comment.

DIX-SEPTIÈME LEÇON

LE DÉPARTEMENT.

91. — Tous les enfants de l'école de Montarels savaient bien que leur village était dans le département de l'Isère ; ils le voyaient écrit sur la plaque de bronze clouée à l'entrée de la Grand'rue, sur le parcours de la grande route ; mais ils ne comprenaient pas très bien ce que pouvait être un département. Un jour le plus curieux d'entre eux (et il est bon d'être curieux quand on veut s'instruire) le demanda à M. Bernard.

---

91. — A quoi sert la plaque de bronze que l'on voit à l'entrée des villages ?

92. — « Voyez la carte de France, qui est pendue au mur, leur dit le maître. Ne remarquez-vous pas qu'elle est divisée en un très grand nombre de compartiments ou cases, de grandeur à peu près égale ; de loin, on croirait voir un damier. Eh bien ! chacune de ces divisions, cases ou compartiments, représente un département. Vous pouvez donc dire qu'un département est une certaine partie du territoire de la France. »

93. — « Mais à quoi sert-il de faire tant de divisions ? »

— « Vous allez voir. Supposez un propriétaire qui ait un domaine de plusieurs centaines d'hectares ; vous en connaissez un dans le voisinage : M. Grandval. Il lui serait impossible, n'est-ce pas, de tout faire par lui-même, de tout cultiver, même de tout surveiller. Il trouve alors plus simple de diviser son domaine en un certain nombre de fermes ou métairies. Il place dans chacune de ces fermes un homme sur lequel il puisse compter, qui se charge de faire valoir cette partie spéciale de son bien. Lui, le propriétaire, il n'aura plus alors qu'à surveiller ses fermiers, à leur donner des ordres, à percevoir les revenus, à fournir l'argent pour certaines grosses dépenses.

---

92. — Définir le département.

93. — Pourquoi a-t-on divisé la France en départements ? — Le faire comprendre par une comparaison.

94. — « On peut dire que ce grand domaine, c'est la France. On l'a divisée, il y a bientôt cent ans, en 86 grandes fermes qui sont les *départements*.

« Le département lui-même a été divisé en *arrondissements*.

« L'arrondissement se divise en *communes*.

« La commune sera, si vous voulez, le pré, la vigne, le jardin, le bois, le champ. Un groupe plus ou moins considérable de ces lots formera l'arrondissement. Trois, quatre, cinq ou six arrondissements feront un département.

95. — « Tous les départements n'ont pas exactement la même forme, ni la même étendue ; il y en a de plus grands les uns que les autres, de plus riches, de plus peuplés. Chacun a son nom, comme une personne. On n'a pas donné ces noms au hasard ; pour qu'il fût facile de les retenir, on a presque toujours pris celui de la rivière, de la montagne, de la côte voisine.

« Ainsi, on dit le département de la Seine, du Rhône, de l'Isère, de la Loire, du Var, de l'Hérault, de la Gironde. On dit aussi : la Seine-Inférieure, la Loire-Inférieure, les Hautes-Alpes, les Basses-Alpes, le Cantal. De cette façon, il est tou-

---

94. — Qu'est-ce qu'un arrondissement ? — Une commune ?

95. — Tous les départements ont-ils la même forme ou la même étendue ? — Sont-ils également riches, peuplés ? — Chacun a-t-il un nom spécial ? — Comment a-t-on choisi ces noms ? — Pourquoi ? — Sont-ils faciles à retenir ?

jours facile de retrouver la position de tel ou tel
département. Il faudrait être tout à fait ignorant
pour ne pas savoir où placer sur la carte les
grandes rivières ou les principales montagnes de
la France.

96. — « A quoi sert le département ? m'avez-
vous demandé. A rendre plus facile l'administration de la France. Il y a dans chaque département un personnage qui est chargé d'en diriger
les affaires : c'est le *préfet*. Il y a aussi dans chaque
département des tribunaux pour rendre la justice,
des fonctionnaires * chargés de lever l'impôt. Chaque département forme comme une France en petit.
Tous sont gouvernés de la même façon : qu'on soit
de la Haute-Garonne ou du Calvados, on obéit
aux mêmes lois. Mais vous comprenez qu'il serait
bien gênant pour les habitants des villages qui
sont au pied des Pyrénées d'aller à Paris pour
faire leurs affaires : il leur suffit d'aller à Toulouse
qui est le *chef-lieu*, c'est-à-dire comme la capitale
de leur département. »

RÉSUMÉ.

La France est divisée en *départements*.
Le département est divisé en *arrondissements*.
L'arrondisement est divisé en *communes*.
Chaque département forme une administration dis-
tincte, la même pour tous, conformément aux lois géné-
rales de la France.

---

96. — Quelle est l'utilité de la division en départements ? — En expliquer les avantages.

DIX-HUITIÈME LEÇON

LE PRÉFET.

97. — « C'est donc un grand personnage que le préfet? » demanda le lendemain un des plus éveillés de la classe.

— « Sans doute, mes enfants. Il représente dans chaque département le chef de l'État; il est en rapport avec tous les ministres pour faire exécuter les lois de l'État, pour les tenir au courant de tout ce qui se passe. Il est le chef des maires de toutes les communes. »

---

97. — Le préfet est-il un personnage important ? — Qui représente-t-il ? — Est-il supérieur aux maires ?

98. — « Où demeure le préfet? »

— « Au chef-lieu du département, c'est-à-dire dans une ville qui est ordinairement la plus importante du département, et dans laquelle se trouvent les chefs de toutes les administrations. Il habite une maison de belle apparence qu'on appelle l'hôtel de la Préfecture ; cela convient à l'homme qui est le représentant du Président de la République dans le département.

99. — « N'y a-t-il pas parmi vous quelqu'un qui ait vu le préfet de notre département ?

— « Oui, monsieur, je l'ai vu l'année dernière à Chalais, au chef-lieu de notre canton. Il avait un uniforme avec de beaux galons d'argent, et d'autres messieurs en uniforme l'accompagnaient. »

— « Il était venu pour faire ce que l'on appelle la tournée du *conseil de revision,* c'est-à-dire pour faire l'appel des jeunes gens qui doivent servir comme soldats et faire constater qu'ils sont assez robustes pour porter les armes. Tous les ans, au printemps, le préfet, accompagné du commandant de gendarmerie, de l'intendant militaire, et d'un médecin, parcourt tous les cantons et passe l'inspection des jeunes gens appelés au service. C'est devant lui que vous comparaîtrez à votre

---

98. — Où réside le préfet ? — Qu'est-ce que l'hôtel de la Préfecture ?

99. — Le préfet a-t-il un uniforme ? — Qu'appelle-t-on le conseil de revision ? — Qui préside le conseil de revision ?

tour, dans quelques années d'ici, à Chalais.

100. — « Je ne puis pas vous expliquer tout au long quelles sont les fonctions d'un préfet. Je vous dirai seulement qu'elles sont extrêmement nombreuses. Mais vous êtes étonnés peut-être qu'un seul homme suffise à tant de besogne. Rassurez-vous : le préfet est aidé, assisté d'un conseil, que l'on appelle le *conseil général*.

« Chaque canton élit un conseiller général. Ces conseillers se réunissent deux fois par an au chef-lieu, font connaître au préfet les besoins de leur canton, et prennent avec lui les mesures les plus importantes : construction de routes, fondation de maisons d'école, établissement d'un pont ; enfin de tout ce qui intéresse le département.

101. — « De cette façon, chaque canton a sa part dans l'administration générale du département, puisqu'il a le choix d'un conseiller. Ce n'est pas une petite affaire que de nommer un bon conseiller général, et, plus tard, quand vous serez électeurs, vous aurez bien soin de ne pas prendre le premier venu, mais un homme sage, laborieux,

---

100. — Qu'est-ce que le conseil général ? — Par qui sont élus les conseillers généraux ? — De quoi ont-ils à s'occuper ?

101. — Est-ce une chose importante de choisir un conseiller général ? — Qu'est-ce qu'un sous-préfet ? — Les sous-préfets sont-ils soumis à l'autorité du préfet ?

connaissant les besoins de son canton, et prêt à rendre service à ceux qui le méritent. »

— « Et les sous-préfets? »

— Ce sont les aides* de camp du préfet. Il y en a un par *chef-lieu d'arrondissement*. Mais ils sont soumis aux ordres du préfet et n'ont pas la même importance. »

RÉSUMÉ.

Le département est administré par un *préfet* qui réside au chef-lieu. Le préfet est nommé par le *ministre de l'Intérieur*. Il a sous ses ordres les *sous-préfets*. Il y a un sous-préfet par arrondissement.

Le préfet est assisté du *conseil général;* le sous-préfet du *conseil d'arrondissement*.

Chaque canton élit un *conseiller général*.

DIX-NEUVIÈME LEÇON

L'INCENDIE.

102. — Un certain jour, le vent soufflait avec
violence. On vit tout à coup s'élever de la vallée,
une fumée noire, épaisse, dont les tourbillons emportés par le vent, enveloppèrent bientôt toute la
montagne. Il n'y avait pas à en douter, c'était
l'incendie.

La sécheresse avait été grande; il n'avait pas
plu depuis deux mois, et il eût suffi d'une allumette
pour embraser toutes ces herbes folles et ces ajoncs

102 à **105.** — Décrire l'incendie de la montagne de Montarels.

desséchés. Les flammes se propageaient avec une rapidité effrayante; portées par le vent, elles semblaient voler de touffe en touffe. On voyait les ajoncs se tordre dans le feu; on entendait le grésillement des flammes.

103. — A la première lueur des flammes, M. et Mme Rives étaient accourus avec les gens de la ferme armés de faux, de serpes, de haches et de fourches. Ils voulaient essayer d'arrêter la flamme en fauchant devant elle tout ce qui pouvait la nourrir.

On se mit à l'œuvre résolument. Mais que pouvaient une dizaine d'hommes contre un pareil feu? Le vent semblait redoubler de violence. C'en était fait de la végétation de la montagne, peut-être même de la métairie et de la maison de campagne de M. Rives; car le vent poussait l'incendie de ce côté, et il y avait tout autour, un bois de pins qui aurait encore activé les flammes.

104. — M. et Mme Rives ne désespéraient pas cependant; car ils savaient que le maire de Montarels, M. Raynard, était le plus dévoué et le plus actif des maires. Aussi ne furent-ils pas surpris quand ils virent arriver, le maire en tête, presque tous les hommes du village. Ils avaient traîné avec eux la pompe à incendie de la commune pour lutter contre le feu, s'il attaquait la maison. Mais le plus pressé était de tout couper sur la marche des flammes pour les arrêter.

105. — A la voix du maire, tous se mirent à l'œuvre. Il s'agissait aussi de protéger le bois de Montarels, qui allait être coupé cette année même. Si le bois était brûlé, c'était la ruine pour la commune.

Il fallait voir l'ardeur de ces deux ou trois cents hommes. Il y eut plus d'une veste brûlée et plus d'une mèche de cheveux roussie, tant ils s'exposaient au feu pour le mieux combattre.

Enfin, après plusieurs heures d'efforts, le vent étant tombé, l'incendie parut se ralentir, puis se limiter. Tout danger pour l'habitation et le bois avait disparu. Il n'était que temps; le feu s'était arrêté à cent mètres à peine du bois de Montarels et du bouquet de pins qui entourait la maison. Mais on n'avait pu l'empêcher de dévorer une grosse meule de gerbes de seigle que l'on devait battre dans quelques jours et qui valait plusieurs centaines de francs.

106. — M. Rives serra alors la main du maire en lui disant :

—« Voilà encore une bonne action à votre compte, mon bon monsieur Raynard. »

— « Pouvais-je donc vous laisser griller sans vous secourir ? D'abord vous êtes de ma commune, et

---

106. — Y a-t-il des rapports étroits entre les membres d'une même commune ? — La commune peut-elle être regardée comme une petite patrie ? — L'amour que l'on a pour la commune peut-il se concilier avec l'amour que nous devons avoir pour la France ?

vous savez ce que je pense : les hommes de la même commune sont deux fois de la même patrie. Ils sont d'abord de la grande patrie qui est la France; puis de la petite patrie qui est, si vous voulez, la place publique de leur village. On s'aime bien fort, allez, entre gens de ce petit groupe qui est la *commune*. »

103. — « Avouez, mon brave monsieur Raynard, que vous auriez fait la même chose pour les gens de la commune voisine. »

— « Je ne dis pas non. Que voulez-vous ? On n'est pas un Turc. Les gens de la commune voisine sont Français, eux aussi. Et puis, tous les hommes ne sont-ils pas frères ? Il n'y a encore que cela de vrai : s'aimer et s'entr'aider les uns les autres. »

— « Vous êtes le meilleur des hommes, monsieur Raynard, et le meilleur des maires ! »

RÉSUMÉ.

Le *maire* est le chef de la *commune*. Il doit veiller à l'ordre, au bien-être de ses administrés. Un maire qui a su se faire aimer dans sa commune et qui sait se faire écouter, quand il s'agit de faire le bien, peut être le bienfaiteur de sa commune.

---

103. — La charité peut-elle être regardée comme une vertu civique ?

VINGTIÈME LEÇON

UN BON MAIRE.

108. — C'était bien vrai; il n'y avait pas à vingt lieues à la ronde un homme plus estimé et plus aimé que M. Raynard, maire de Montarels. Il y avait trente ans qu'il était maire de sa commune. Aussi, jamais commune ne fut-elle mieux administrée que celle de Montarels. M. Raynard était si bon, si conciliant que tous les membres du *conseil municipal* finissaient par être de son avis.

109. — Autrefois Montarels n'avait pas de

109. — Décrire une maison d'école d'autrefois et une maison d'école d'aujourd'hui. — Le maire a-t-il à s'occuper des écoles ?

maison d'école; car on ne pouvait pas donner ce nom à l'espèce de cave humide, mal éclairée et malsaine, dans laquelle sept ou huit enfants venaient apprendre à lire. M. Raynard ne se laissa pas arrêter par les bavardages de ceux qui prétendaient que les enfants ne sauraient pas mieux lire quand la maison d'école serait plus belle.

Voyez ce bâtiment coquet, aux volets verts, avec son jardin, sa grille, ses deux cours. C'est la nouvelle École.

Entrez : vous ne serez pas choqué, comme autrefois, par la mauvaise odeur de moisi qui s'échappait des vieux murs, du sol, de partout. Comme c'est propre, gai et clair ! Voyez ces cartes, ces tableaux pour le système métrique, ces compteurs pour le calcul. Tout cela, c'est l'œuvre de l'excellent maire.

110. — M. Raynard dit que l'instruction est la santé de l'âme. Mais il veut aussi que le corps soit sain. Si le corps est malade, l'esprit n'est guère bien portant.

Aussi, que n'a-t-il pas fait pour assainir Montarels ? Ce petit village a son égout, comme une ville. Pas trace d'ordures dans les rues ! L'eau du ruisseau de la rue est si propre que les ménagères pourraient y laver leur linge.

---

110. — La salubrité d'un village est-elle une chose importante ? — Est-il important que les villages aient des égouts ? — Le maire a-t-il à veiller à la propreté des rues ?

Et ce n'est pas l'eau qui manque depuis l'établissement de la pompe neuve. Autrefois, il fallait porter la lessive à une lieue d'ici, au cours d'eau voisin : aujourd'hui nous avons le lavoir près de la place.

À qui devons-nous tous ces bienfaits ? Tout le pays le sait bien, allez. Aussi sont-ils rares ceux qui attendent le salut de notre bon maire pour le saluer !

111. — Je crois vraiment que Brescou, la ville voisine, est jalouse de nous, depuis que nos rues sont éclairées le soir. Il est vrai qu'elles ne le sont pas tous les soirs, et que les nuits de lune, notre allumeur de réverbères se repose. C'est que Montarels n'est pas très riche et qu'il faut surveiller ses dépenses.

Mais c'est déjà bien joli, pour un petit village, d'être éclairé la nuit, même par des quinquets au pétrole. Le gaz viendra plus tard peut-être ; chaque progrès en son temps. Les vieux d'il y a cinquante ans trouveraient bien agréable de pouvoir aller faire leur partie chez les voisins, sans être exposés à tomber dans un trou ni à se heurter contre un brancard de charrette.

112. — Vous comprenez que M. Raynard connaît tous les gens de Montarels, du plus grand

---

111. — L'éclairage des rues regarde-t-il le maire ?

112. — Le maire a-t-il à s'occuper d'enregistrer les naissances et les mariages ?

au plus petit. Il a fait tous les mariages depuis trente ans et inscrit tous les enfants sur les registres de l'*état civil*. Il a toujours une bonne parole pour le père quand on vient lui présenter un nouveau-né, et aux mariages il dit de si bonnes choses que les mariés se les rappellent toute leur vie.

113. — Montarels est un village heureux. Ses finances sont si bien administrées qu'il a des économies. Ses habitants pourront donc encore améliorer leur sort.

On parle de créer un *hospice* pour les vieillards pauvres : ce serait le rêve de M. Raynard. Mais la commune n'est pas encore assez riche pour cela. Il paraît qu'il aurait parlé de laisser un jour une partie de sa fortune pour cette bonne œuvre. Voyez-vous, quand il s'agit de faire le bien, rien ne doit étonner de la part d'un si brave homme, d'un si bon maire.

RÉSUMÉ.

Le maire est chargé de l'administration de la commune. de ses finances, de la police et de l'entretien des rues, de la surveillance des écoles, des hospices, de tout ce qui intéresse le bien-être matériel et moral des habitants.

Il est assisté du *conseil municipal*.

---

113. — Qui est chargé de l'administration des finances de la commune ? — Tout village bien administré et riche devrait-il avoir un hospice pour les vieillards ?

VINGT-ET-UNIÈME LEÇON

UNE NAISSANCE.

114. — La maison de M. Durand, le propriétaire de la belle ferme des Terres-Fortes, était dans la joie. Un enfant venait de naître, un garçon robuste, bien fait et de bon appétit. M. et Mme Durand, les grands parents étaient tout heureux, et la petite Marthe était toute joyeuse qu'il lui fût venu un petit frère. Elle était fière de jouer à la maman, et c'était un plaisir de voir avec quelle douceur et quelle attention elle berçait le petit Jacques.

115. — La porte s'ouvrit, et M. Charles entra. C'était le meilleur ami de M. Durand. Il venait le féliciter et prendre part à la joie commune. Lui aussi, il avait des enfants, et il savait quel bonheur leur naissance apporte dans une maison.

— « Tu arrives bien, mon cher Charles, lui dit M. Durand ; je vais à la mairie déclarer la naissance de Jacques ; viens avec moi : tu seras mon témoin*. »

On sait en effet que chaque fois qu'un enfant vient au monde, la loi veut que le père déclare cette naissance à un magistrat spécial qui est le maire ou son adjoint.

116. — Il est important que l'État (c'est-à-dire ceux qui gouvernent la France) sache exactement le compte de ceux qui vivent en France, qui y naissent, qui y meurent. Un bon berger compte et recompte chaque soir ses moutons, ses brebis et ses agneaux. L'État est comme le bon berger qui veut savoir sur qui il doit veiller. Il ne peut le savoir que si on le lui dit.

117. — On était arrivé à la mairie. La nourrice portait le petit Jacques, bien enveloppé, car

---

115. — Le père est-il tenu de déclarer la naissance de ses enfants ? — A qui doit-il faire cette déclaration ?

116. — Pourquoi l'État a-t-il intérêt à connaître le nombre exact de tous les Français ?

117. — Décrire la cérémonie de la déclaration d'un enfant à la mairie.

on était en hiver. Son père, son grand père, la petite Marthe et M. Charles suivaient.

M. Raynard les attendait dans une grande salle, assis derrière une table sur laquelle deux gros registres étaient ouverts. M. Durand dit alors que son fils Jacques était né dans la nuit du 3 décembre 1884 ; il donna ses prénoms, et ceux de sa femme, et dit qu'il voulait que son fils s'appelât Jacques, Pierre, Paul. M. Raynard écrivit tout cela sur les deux registres ; puis il signa, fit signer M. Durand, le grand père, et M. Charles.

Ensuite il serra la main de M. Durand en lui disant :

— « Voilà un petit Français de plus! »

Et il sortit.

118. — Il avait raison, M. Raynard ; car à partir de ce jour, l'État savait qu'un homme lui était né. Dans 21 ans, il n'aura qu'à chercher sur ses registres pour se rappeler que le petit Jacques Durand doit être soldat. De ce jour, Jacques Durand doit être protégé par l'État, qui aura toujours les yeux sur lui, jusqu'à sa mort.

Même quand on meurt, les parents ou les amis doivent aller le déclarer à la mairie. A côté des registres de naissance, il y a les registres de décès

---

et de mariage. On appelle cela l'*état civil*.

Ainsi, du premier jour de notre vie au dernier, la loi nous suit pas à pas; nous sommes enveloppés par elle, comme dans un filet; mais c'est pour notre bien, et nous ne devons pas nous en plaindre.

RÉSUMÉ.

Le père doit déclarer à la mairie la naissance de chacun de ses enfants, immédiatement après leur naissance.

C'est le maire, ou son adjoint, qui reçoit cette déclaration et l'inscrit sur un registre.

Les décès doivent aussi être enregistrés.

Les trois registres sur lesquels on inscrit les naissances, les mariages et les décès s'appellent les *registres de l'état civil*.

VINGT-DEUXIÈME LEÇON

LE MARIAGE.

119. — La sœur du petit Jules avait épousé la veille un bon fermier des environs, Baptiste Rambaud. Il y avait eu une grande fête; les familles étaient nombreuses, et comme le soleil avait brillé toute la journée, on était venu de partout, en voitures, à cheval, à âne, en carrioles.

Chacun avait mis ses plus beaux habits pour faire honneur aux époux. La maison de la mariée avait été ornée par les jeunes filles, ses amies, de

------

119 et **120.** — Décrire un mariage au village.

guirlandes de verdure et de fleurs; des draps blancs flottaient aux fenêtres, et dans toute la rue les maisons étaient décorées.

120.— Les parents de Jules étaient très aimés dans Montarels; de même, ceux de Rambaud dans son village. Aussi y avait-il foule, et depuis bien des années on n'avait pas vu une si belle noce. Quand on était sorti de la maison pour aller à la mairie, la rue était pleine de monde, et après la mairie, dans l'église, on peut dire qu'il y avait tout le village.

On avait dressé des tables dans le jardin; il y eut un repas magnifique, puis on dansa jusqu'au soir. Ce fut une belle journée, que les gens de Montarels se rappelleront longtemps.

121. — Le lendemain, à l'école, les amis de Jules en parlaient encore avec lui; la plupart avaient été invités et ils regrettaient qu'il n'y eût pas un mariage tous les jours.

— « Voyons, mes enfants, dit M. Bernard, savez-vous seulement comment on fait pour se marier? »

Les enfants restèrent bouche ouverte. Ils avaient bien vu la noce, mais ils n'avaient songé qu'à s'amuser, sans penser qu'un mariage est une chose très grave, réglée par la loi.

---

121. — Le mariage est-il réglé par la loi ?

122. —« D'abord, mes amis, reprit alors M. Bernard, on ne peut pas se marier quand on veut. S'il vous prenait fantaisie de vous marier, M. le maire se moquerait de vous et vous renverrait à l'école. Il faut que le jeune homme ait au moins 18 ans et la jeune fille, 15.

« Il faut ensuite que les parents consentent au mariage ; c'est une chose trop grave pour que les parents, auxquels on doit tant et qui ont plus d'expérience que les enfants, ne soient pas consultés.

123. — « La loi ne veut pas que d'honnêtes gens se marient en cachette. Aussi le maire fait-il afficher* à la porte de la mairie que tel jeune homme et telle jeune fille veulent se marier.

« Au jour fixé, les fiancés, suivis de leurs parents, de leurs témoins* et de leurs amis vont à la mairie. Là, le maire, ceint de son écharpe, leur demande devant tout le monde s'ils ont vraiment l'intention de se prendre pour mari et pour femme. L'un après l'autre, ils répondent *oui*; car ordinairement on ne va pas devant M. le maire pour déclarer qu'on

---

122. — A quel âge le jeune homme et la jeune fille peuvent-ils se marier ? — Le consentement des parents est-il nécessaire ? — Pourquoi ?

123. — Le mariage doit-il être célébré publiquement ? — Comment se fait la célébration du mariage à la mairie? — Le consentement de ceux que le maire va marier est-il nécessaire ? — Le mariage est-il un acte grave ?

ne veut pas se marier. Alors le maire les déclare mariés.

« C'est fini ; on signe sur le registre et une nouvelle famille est fondée. Vous voyez que c'est bien simple, mais aussi bien sérieux et bien solennel. »

RÉSUMÉ.

Le mariage est un acte solennel, réglé par la loi, pour la fondation d'une famille nouvelle.

Le jeune homme ne peut pas se marier avant dix-huit ans, ni la jeune fille avant quinze. Le consentement des parents est nécessaire.

Le mariage se célèbre publiquement à la mairie, devant le maire et des témoins.

VINGT-TROISIÈME LEÇON

LE SUFFRAGE UNIVERSEL.

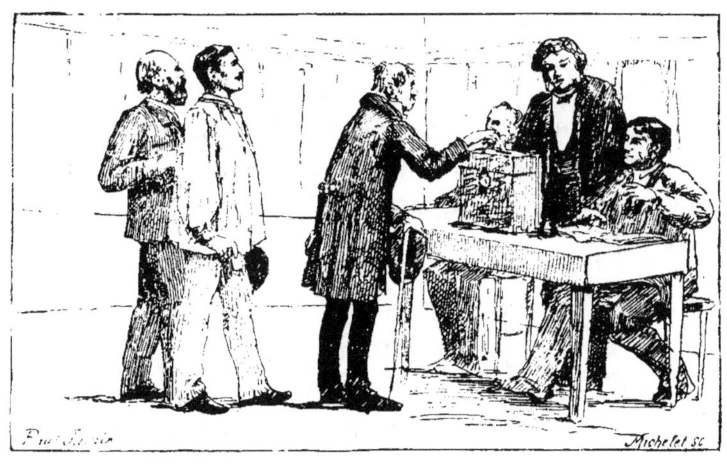

124. — Le dimanche précédent, il y avait eu au village de Montarels une agitation inaccoutumée. On avait vu les hommes aller et venir dans les rues, sur la place, entrer à la maison de ville, en sortir, causer entre eux avec animation. Il devait s'agir d'une chose grave : c'était en effet jour de *vote*. Les enfants de l'école ne comprenaient pas de quoi il s'agissait; mais ils sentaient bien que leurs parents, occupés surtout de leurs récoltes et de leurs travaux, ne se seraient pas mis en mouvement pour rien.

125. — L'occasion était bonne pour M. Bernard, qui voulait depuis longtemps leur expliquer ce que c'était que le *suffrage universel.*

— « Où voulez-vous que nous allions faire une promenade et un goûter jeudi prochain ? »

Grande joie dans l'école ; les yeux brillaient de plaisir à cette pensée, et chacun de répondre : « à Belmas, au moulin de la Sapinière, à Berniquaud, à la vigne de M. Martin ! »

Il était bien difficile pourtant d'aller le même jour, en même temps, à quatre endroits à la fois ; et les enfants étaient bien embarrassés, car chacun tenait à son projet et refusait d'en changer.

126. — « Eh bien, dit M. Bernard, chacun de vous va écrire sur un bout de papier le nom de la promenade qu'il préfère ; il viendra jeter ce bout de papier plié en quatre dans mon chapeau. Puis nous retirerons ces bulletins l'un après l'autre, nous les compterons, nous les lirons, et la promenade dont le nom aura été le plus souvent demandé sera décidément notre promenade de jeudi. »

Les enfants trouvèrent que M. Bernard avait trouvé un bon moyen de sortir d'embarras ; ils pensaient qu'il était juste que la promenade choisie par le plus grand nombre fût la promenade de tous.

---

125 à 127.— Par quelle comparaison l'instituteur fit-il comprendre à ses élèves ce que c'était que le suffrage universel ?

127. — C'est avec joie que chacun écrivit son petit bulletin de papier et vint en bon ordre le déposer dans le chapeau de M. Bernard. Ils se rassirent ensuite, et, le cou tendu, le regard fixe, ils regardaient M. Bernard tirer l'un après l'autre les bulletins, les lire, noter le nom de la promenade choisie par chacun. Enfin le dernier bulletin était sorti du chapeau : on allait savoir le résultat.

— « Mes amis, 12 d'entre vous ont demandé Belmas, 8 ont demandé la vigne de M. Martin, 6 le moulin de la Sapinière et 4 Berniquaud. Donc, jeudi prochain, nous irons à Belmas et nous ferons un goûter sur l'herbe. »

Tous battirent des mains à cette pensée.

128. — « Savez-vous ce que vous venez de faire? Vous venez de faire ce que vos pères ont fait dimanche dernier à la mairie, vous avez *volé*.

« Dans un grand pays comme la France, il est encore plus difficile de connaître l'opinion de chacun, que dans une classe de trente enfants. Pourtant il est bien juste que tout le monde (du moins les personnes qui ont tout leur bon sens et qui ne sont plus des enfants) donne son avis. Si on le demandait, cet avis, à haute voix, sur une

---

128. — Qu'est-ce que voter ? — Serait-il facile dans un grand pays comme la France que chaque Français donnât son avis de vive voix sur les questions politiques ?

place publique, vous pensez le beau désordre que cela ferait !

129. — « Alors on a imaginé un système qui ressemble tout à fait à ce que nous avons fait tout à l'heure. Dans chaque commune, les *électeurs* (c'est-à-dire ceux qui ont le droit de dire leur avis, de voter) vont déposer leur bulletin dans un coffre à la mairie. Dimanche dernier, il s'agissait d'élire un *député* (je vous dirai un autre jour ce que c'est qu'un député). Chacun a écrit sur un bout de papier le nom du député qu'il préférait, et le monsieur dont le nom a été demandé le plus grand nombre de fois dans toutes les communes de l'arrondissement a été proclamé député.

130. — « On appelle cela *voter*. On vote aussi pour désigner les conseillers municipaux, les conseillers généraux. Comme aujourd'hui, en France, tous les hommes qui ont plus de 21 ans ont le droit de donner leur avis en politique, de faire connaître au moyen du vote leur opinion, leur suffrage, on dit que la France est soumise au régime du *suffrage universel*. »

---

129. — Qu'a-t-on imaginé pour remédier à cet inconvénient ? — Qu'est-ce qu'un électeur ? — Comment vote-t-on ? — Comment nomme-t-on un député ?

130. — Quelles sont encore les personnes que l'on nomme en votant ? A quel âge peut-on voter ? — Qu'est-ce que le *suffrage universel* ?

RÉSUMÉ.

C'est par le *suffrage universel* que les *électeurs* de la France font connaître leur opinion sur les questions politiques qui intéressent tout le pays.

Tout Français âgé de vingt-et-un ans, sain d'esprit et honnête homme, est *électeur*.

C'est par le *suffrage universel* que sont nommés les *députés*, les *conseillers généraux*, les *conseillers d'arrondissement*, les *conseillers municipaux*.

VINGT-QUATRIÈME LEÇON

LE CITOYEN.

131.— « Un bon citoyen, un mauvais citoyen ! Voilà des mots, dit M. Bernard, que vous entendez souvent et que vous ne comprenez peut-être pas très bien. Essayons d'y voir clair.

«Tout Français âgé de 21 ans, et dont la conduite a toujours été honorable, est citoyen. Il commence alors à être quelque chose dans l'État.

«Jusqu'alors, il se prépare à bien remplir un jour ses devoirs de citoyen.

131. — Qu'est-ce qu'un citoyen ?

132. — « Est-ce que nous aussi, à l'école, nous nous préparons à devenir citoyens? »

— « Certainement, sans vous en douter. Tenez, quand vous jouez, quand vous courez, quand vous faites de l'exercice, de la gymnastique pour fortifier votre corps, vous vous préparez à votre rôle de citoyen.

— « Comment, monsieur Bernard? Vous voulez rire? »

— « Non certes; le premier devoir du citoyen n'est-il pas de défendre son pays s'il est attaqué? Tout citoyen doit le service militaire : les infirmes seuls sont dispensés. Comment ferez-vous un bon soldat, si vous n'avez pas un corps sain, dispos, agile, endurant, exercé? Votre santé, votre agilité, vos qualités physiques ne profitent pas seulement à vous; elles profiteront un jour au pays qui aura besoin de vous.

133. — « Mais si la santé du corps est précieuse, celle de l'âme l'est encore davantage. Voilà pourquoi, depuis que vous pouvez comprendre quelque chose, vos parents, vos maîtres s'efforcent de vous inspirer l'amour du pays, de faire de vous des patriotes*. Ils vous parlent de la France, de son histoire. Plus un homme est instruit, bien instruit, plus il y a de chances pour qu'il soit un bon

---

132. — À partir de quel moment se prépare-t-on à devenir citoyen? — Comment un enfant à l'école se prépare-t-il à devenir citoyen?

133. — Développer cette pensée. — La famille contribue-t-elle à former des citoyens? — Comment?

citoyen. C'est dans sa famille d'abord, puis à l'école que se façonnent les futurs citoyens.

134. — Vous entrerez dans la *vie civique*, c'est-à-dire dans la vie de citoyen, par le service militaire. Plus tard vous payerez l'impôt. On dit quelquefois que ceux qui se font tuer pour la défense de la patrie ont payé *l'impôt du sang ;* en effet, ils n'ont pas contribué au bien public par leur argent seul, ils y ont contribué par leur vie, par leur sang même.

135. — « La vie d'un citoyen est pleine de devoirs.

« Enfant, il y a d'abord, le devoir *scolaire*, c'est-à-dire qu'il doit s'instruire, cultiver son esprit; et devenu homme, il doit faire instruire ses enfants.

« Le citoyen a encore le devoir *militaire*, que vous connaissez bien maintenant;

« Le devoir de payer l'impôt ;

« Le devoir *électoral ;* c'est-à-dire l'obligation de voter, de donner son avis sur les questions publiques, chaque fois qu'il y est appelé par la loi.

« N'oubliez pas, en effet, mes enfants, que voter n'est pas seulement un droit : un citoyen ne vote

---

134. — Qu'est-ce que la vie civique ? — Comment y entre-t-on ? — Expliquer ces mots : payer l'impôt du sang.

135. — Énumérer quelques-uns des principaux devoirs du citoyen. — Expliquer ces devoirs.

pas parce que ça lui plait, ou que ça l'amuse : il
vote parce que c'est un devoir pour lui de s'occuper le mieux qu'il peut des affaires de son pays. Le
citoyen qui, appelé à voter, néglige de le faire,
et se dit : « Qu'est-ce que ça fera, une voix de
plus ou de moins? » est gravement coupable; il
manque à son devoir. »

RÉSUMÉ.

Le *citoyen* est l'homme auquel la loi reconnaît le droit
de s'occuper des affaires publiques.

En France, on est citoyen à vingt-et-un ans. — On se
prépare dès l'enfance à devenir un citoyen en fortifiant,
en exerçant son corps, en cultivant son esprit, en étudiant
l'histoire de son pays.

Le citoyen a le devoir de s'instruire et de faire instruire
ses enfants, de servir son pays à l'armée, de payer l'impôt, de voter.

VINGT-CINQUIÈME LEÇON

UN MAUVAIS CITOYEN.

136. — Dans une ville que je ne veux pas nommer, il y avait (cette histoire remonte à une vingtaine d'années) un homme que tout le monde honorait. Il s'était enrichi dans le commerce; la paix lui avait permis de faire de bonnes affaires. Il trouvait qu'il était bon de vivre en France, que son gouvernement était doux, ses habitants affables. Il n'eût pas voulu changer son sort, ni vivre dans n'importe quel autre pays du monde.

137. — En 1870, une grande guerre éclata.

135 à 141.—Donner, dans un récit, un exemple de mauvais citoyen.

Les premières armées françaises furent battues. L'ennemi passa nos frontières, ravagea un grand nombre de départements, brûlant les moissons, incendiant les villages.

Tous ceux qui étaient en âge de porter un fusil partirent pour l'armée, s'enrôlèrent, se firent soldats. Grâce à ce dévouement des bons citoyens, on put refaire des armées et lutter avec honneur contre l'ennemi.

138. — Il ne faisait pas si bon vivre en France alors que pendant les années heureuses de la paix. Tout le monde était anxieux* ; on était préoccupé de l'avenir de la patrie, du sort de ceux qui se battaient. On attendait avec une émotion que vous pouvez comprendre les nouvelles de la guerre, les bulletins qui racontaient le résultat des batailles terribles qui se livraient alors.

139. — Que faisait pendant ce temps l'homme dont je vous parlais tout à l'heure? Il avait passé l'âge où il était forcé de servir à l'armée; mais il avait quarante ans à peine : il était robuste, bon tireur, puisqu'il était renommé comme chasseur. Il pouvait s'engager, faire le coup de feu comme tant d'autres bons citoyens le firent alors.

Il pouvait tout au moins entrer dans une ambu-

---

139. — Comment peut-on servir son pays, en temps de guerre, autrement qu'en étant soldat ?

lance* comme infirmier*, soigner les malades, les blessés.

140. — Non; il ne fit rien de tout cela. Il avait joui du bienfait de vivre en France tant que la France était en paix. Dès que la guerre éclata, il quitta sa ville, alla en pays étranger, s'y établit à son aise, à l'abri de tout danger. Il apprenait par les journaux les malheurs de son pays, les défaites de ses armées. Il était pendant ce temps tranquille et en sûreté.

141. — La guerre finie, il voulut rentrer dans sa ville. Mais 'sa lâche conduite avait indigné tout le monde. Chacun lui tourna le dos et lui témoigna du mépris. Il lui fut impossible de vivre plus longtemps au milieu de gens qui ne voulaient plus le reconnaître pour un Français et l'appelaient *mauvais citoyen*. Il fut forcé de s'expatrier*.

En effet celui qui abandonne son pays au moment des épreuves, des dangers, fait comme l'homme qui abandonnerait sa mère gravement malade et refuserait de la soigner : c'est un mauvais citoyen, un mauvais fils.

RÉSUMÉ.

L'homme qui après avoir joui des bienfaits que procure le séjour sur le sol de la patrie, l'abandonne au moment du danger, même quand la loi ne l'oblige pas à la défendre, est un *mauvais citoyen*.

141.—A qui peut-on comparer l'homme qui abandonne sa patrie menacée ?

VINGT-SIXIÈME LEÇON

QUI NOUS GOUVERNE ?

142. — Vous pensez bien, mes enfants, qu'un grand pays comme la France ne se gouverne pas tout seul et qu'il faut qu'un grand nombre de personnes s'en occupent. Je vais vous dire très simplement comment cela marche. Plus tard on vous en dira davantage.

Vous vous rappelez qu'il y a quelque temps, les *électeurs* du village, vos pères, vos oncles, vos frères aînés ont voté pour élire un *député*.

---

142. — Comment s'appelle le palais où se réunissent les députés ?— Comment s'appelle la réunion des députés ?

Ils ont choisi M. Grandval, qui est un brave homme, très intelligent et connaissant bien les affaires de notre contrée.

Toutes les communes de la France en ont fait autant ; elles ont choisi ainsi à peu près 500 députés.

Ces Messieurs se rendent à Paris à certaines époques fixées, se réunissent dans un Palais qu'on appelle le *Palais Bourbon*. Leur réunion forme ce qu'on appelle la *Chambre des députés*.

143. — C'est la Chambre des députés qui est chargée de faire les lois. Toutes les fois qu'une affaire grave se présente, qu'il faut fixer le chiffre des dépenses ou des recettes de l'État, c'est-à-dire faire le *budget*, quand il faut faire une guerre, signer un traité, établir un chemin de fer, faire une route, la Chambre des députés est consultée ; et elle vote une *loi*.

144. — Mais comme on a pensé que les députés pourraient quelquefois se tromper, et que deux avis, comme dit le proverbe, valent mieux qu'un, on a voulu que la loi, avant d'être exécutée, fût présentée à une autre assemblée. Cette

---

143.—Que fait la Chambre des députés ? — Qu'est-ce que le budget ? — Énumérer quelques-unes des choses pour lesquelles une loi est nécessaire.

144.— N'y a-t-il pas une autre assemblée chargée de voter les lois ? — Pourquoi ? — Citer un proverbe à ce propos. — Comment s'appelle cette assemblée ?

assemblée, qui doit voter la loi après la Chambre des députés, et qui a le droit de la repousser, s'appelle le *Sénat*.

Le Sénat se compose d'hommes ordinairement plus âgés que les députés, plus expérimentés* : on suppose que leur avis est souvent plus sage. Quand le Sénat a voté une loi, c'est fini : il n'y a plus qu'à la faire exécuter.

145. — C'est pour faire exécuter la loi que les *ministres* sont nommés. On les choisit parmi les députés et les sénateurs. Chacun d'eux a ses fonctions particulières : l'un est chargé de la *Guerre*, l'autre de la *Marine*, un troisième des *Affaires étrangères*. Il y a aussi le ministre de l'*Instruction publique*, celui de l'*Agriculture et du Commerce*, celui de l'*Intérieur*, celui des *Postes* et *Télégraphes*, etc., etc.

Les ministres sont des personnages importants. Ils nomment tous les fonctionnaires*.

146. — Vous pensez bien que ce n'est pas une petite affaire de choisir les ministres chargés de faire exécuter les lois votées et même de proposer de nouvelles lois, quand ils croient que c'est

---

145. — Pourquoi y a-t-il des ministres ? — Citer les principaux d'entre eux.

146. — Qui choisit les ministres ? — Quel est le nom que porte en différents pays le chef de l'État ?

nécessaire. L'homme qui a le pouvoir de choisir les ministres est vraiment le premier personnage de l'État. En France, c'est le *Président de la République*.

Dans d'autres pays, le chef de l'État s'appelle roi ou empereur. L'Espagne, l'Italie, ont un roi; l'Angleterre a une reine ; l'Allemagne, l'Autriche, la Russie ont un empereur; la France et la Suisse ont un président.

147. — La différence, c'est que tout homme supérieur dans son pays peut devenir Président de la République, tandis que pour être roi ou empereur, il faut être fils de roi ou d'empereur. On reste roi ou empereur toute sa vie, tandis qu'on est nommé Président de la République pour un certain temps seulement.

En France, le Président de la République est nommé pour sept ans.

Il est choisi par tous les députés et les sénateurs réunis. Quand le dernier jour des sept années arrive, il se retire et laisse la place à un autre. Tout cela est bien simple; mais cela n'empêche pas que les rois et les empereurs étrangers traitent le Président de la République comme leur égal.

---

147. — Quelle différence y a-t-il entre un roi et un Président de la République ? — Le Président de la République française est-il un personnage important ?

RÉSUMÉ.

La France est gouvernée par la *Chambre des députés* et le *Sénat*, assemblées chargées de faire les *lois*.

L'exécution des lois est confiée à un certain nombre de personnages qui s'appellent *ministres*.

Les ministres sont choisis, parmi les membres de la Chambre des députés ou du Sénat par un personnage qui est le chef de l'État, et qui s'appelle le *Président de la République*.

En France, le Président de la République est élu pour sept ans.

VINGT-SEPTIÈME LEÇON

LA LOI·

148. — Quel est l'enfant dont tout le monde fait l'éloge, qui mérite les plus belles récompenses? N'est-ce pas celui dont on peut dire : « Voilà un enfant obéissant! »

L'enfant obéissant est celui qui respecte la volonté de ses parents, exécute leurs ordres justes, écoute leurs conseils, se laisse guider par eux. L'enfant obéissant écoute son maître et lui obéit pour les choses où son maître a le droit de commander.

148.— L'obéissance est-elle une vertu chez les enfants? — Pourquoi ?

149. — L'obéissance n'est pas seulement une qualité chez les enfants ; elle devient même une vertu chez les hommes. Le bon citoyen est celui qui obéit le plus docilement aux ordres que lui donnent ceux qui sont chargés de gouverner le pays : ces ordres s'appellent la *loi*.

Vous savez comment se font les lois. Elles sont votées par les hommes qui représentent les volontés de la France, c'est-à-dire, par les députés et les sénateurs.

Puis, les ministres et le Président de la République les font connaître à tous les Français en les publiant.

150. — Les lois doivent être connues de tout le monde. Aussi, n'est-ce pas assez de les imprimer dans un journal spécial, *le Bulletin des lois*, que tout le monde ne songerait pas à lire. On les affiche* à la porte de la Mairie. Vous avez vu près de la porte d'entrée de la Mairie un cadre en bois, dans lequel il y a presque toujours une affiche* blanche. C'est là qu'on affiche le texte des lois. Tout le monde peut aller le lire, tout le monde devrait régulièrement aller les lire.

149.— L'obéissance est-elle une vertu chez les hommes ? — Dans quel cas ? — Qu'appelle-t-on la loi ? — Comment se font les lois ? — Par qui sont-elles publiées ?

150. — Tout le monde doit-il connaître la loi ? — Comment fait-on pour que les lois soient connues de tout le monde ? — Où les affiche-t-on ? — Doit-on obéir à la loi, même quand la loi nous contrarie et nous gêne ? — Si cela n'était pas, qu'en résulterait-il ?

Respecter la loi est le premier devoir de tout bon citoyen. Même quand elle nous gène, même quand elle nous paraît mauvaise, il faut commencer par lui obéir. Sans cela, le pays serait toujours troublé par les uns ou par les autres ; ce serait une vraie guerre civile.

151. — Il y avait autrefois chez un peuple de la Grèce, chez les Athéniens, un homme excellent, un sage, un philosophe * qui s'appelait Socrate. Il était la vertu même ; ce qui ne l'empêcha pas d'avoir des ennemis puissants. On l'accusa de divers crimes imaginaires * et les juges abusés le condamnèrent à mort.

La veille du jour où il devait boire le poison, quelques-uns de ses amis, des hommes auxquels il avait enseigné la sagesse, allèrent le trouver dans sa prison. Ils trouvèrent Socrate calme, souriant, résigné. Ses amis avaient plus besoin d'exhortations que lui-même.

152. — Ils espéraient pourtant le soustraire à la mort. Ils avaient trouvé en effet le moyen de le faire évader ; tout était prêt pour cela. Il suffisait que Socrate y consentît ; il était sauvé.

Mais lorsque cet excellent citoyen entendit qu'on lui proposait de faire une chose qui était contraire

151 à **153**. — Citer un admirable exemple d'obéissance à la loi. — Que voulait prouver Socrate en refusant de s'évader de sa prison ?

à la loi de son pays, il cessa de sourire : il devint pensif, sérieux et répondit :

— « Vous agissez mal en me proposant une chose qui est contraire aux lois. Je suis condamné par la loi de mon pays. Que ma condamnation soit juste ou non, je veux la subir, parce que la loi le veut ainsi ! »

153. — Quelques heures après, on voyait entrer l'homme qui portait le breuvage dont une seule coupe donnait la mort. Socrate le prit et l'avala sans hésitation. Une heure après, il avait cessé de vivre, donnant ce grand exemple d'obéissance à la loi, même à une loi que tout le monde jugeait mauvaise.

Il pensait que ce n'est pas au citoyen à juger la loi, et que son premier devoir est de lui obéir.

RÉSUMÉ.

Les lois sont des ordres auxquels les citoyens doivent obéissance, parce qu'ils ont pour effet d'assurer le bien public.

L'obéissance aux lois est la première et la plus haute vertu du citoyen.

Il peut arriver que la loi soit mauvaise ; il faut alors la faire changer par les députés et les sénateurs qui sont chargés de la faire. Mais le bon citoyen ne doit jamais refuser obéissance à la loi.

VINGT-HUITIÈME LEÇON

L'ARRESTATION.

154. — Le souvenir d'un incendie comme celui qui avait ravagé les pentes de Berniquaud ne pouvait pas s'effacer en un jour. Était-ce imprudence ou crime? Cette question préoccupait tout le monde. Chacun donnait son avis, et, comme toujours, il y avait autant d'avis que de personnes.

Cependant quelques gens avaient des soupçons. On se rappelait avoir vu **rôder** sur les flancs de la montagne un jeune homme de mauvaise mine, in-

---

154 à **157.**— Raconter une arrestation et un jugement devant la Cour d'assises.

connu dans le pays; on l'avait entendu se parler à lui-même d'une voix violente et proférer des menaces. Ne serait-ce pas le coupable?

Quand on vint en parler à M. Rives :

— « Bah! dit-il, je ne veux pas avoir à me reprocher d'avoir fait arrêter un homme. Qu'il aille se faire pendre ailleurs! »

Ce sentiment était généreux; mais que deviendrait la société si tous les honnêtes gens raisonnaient ainsi?

155. — Heureusement, il y a des magistrats dont la fonction est de rechercher les coupables, quand un crime se commet, de les faire arrêter et de les faire passer en jugement. Le *procureur de la République* est de ce nombre.

Quand le procureur de la République eut été informé qu'un crime avait été commis, il donna l'ordre de rechercher et d'arrêter le coupable.

Dans tous les cantons du département, les gendarmes reçurent le signalement de l'homme qui était soupçonné, c'est-à-dire l'indication de sa taille, de son costume, de sa physionomie. Ils se mirent en course, visitèrent les villages, prirent des renseignements auprès des maires, des aubergistes, des marchands. Quand on les voyait entrer dans les villages au trot de leurs vigoureux chevaux, chacun les saluait avec respect; car chacun

---

155. — Qu'est-ce que le procureur de la République? — A quoi servent les gendarmes?

voyait en eux les défenseurs de l'ordre, les protecteurs des honnêtes gens.

156. — Enfin, après bien des recherches, les gendarmes trouvèrent, caché sur la lisière d'un bois, le jeune homme soupçonné. Ils l'interrogèrent; il s'appelait Farou. Ils lui firent d'autres questions auxquelles il ne répondit pas, et ils l'emmenèrent.

Conduit au chef-lieu du département, Farou fut mis en prison, interrogé par un *juge*, puis traduit devant la *cour d'assises* comme incendiaire *.

157. — Devant la cour d'assises, le coupable est jugé en quelque sorte par douze citoyens tirés au sort parmi les honnêtes gens. Ils forment ce qu'on appelle le *jury*. Ce sont les *jurés* qui déclarent s'ils trouvent le prévenu coupable ou non. Sur leur déclaration, les juges prononcent leur sentence.

Le procureur de la République prononça un discours pour prouver que Farou avait volontairement mis le feu aux environs de Montarels. Mais les jurés ne semblaient pas être de son avis. Il suffisait de regarder Farou pour expliquer leur indulgence. Les yeux hagards, l'air indifférent, le sourire aux lèvres il semblait ne rien comprendre à ce qui se passait autour de lui.

---

156. — Qu'est-ce que la cour d'assises ?
157. — Qu'appelle-t-on le jury ? — Que fait le jury ?

158. — L'avocat* qui défendait Farou n'eut pas de peine à faire comprendre que l'on avait affaire à un idiot et que si ce malheureux avait volontairement allumé l'incendie, il n'était pas responsable* de ses actes.

Le jury déclara donc que Farou n'était pas coupable. Mais comme il pouvait être dangereux, les magistrats ordonnèrent qu'on le ferait entrer dans un asile d'aliénés*, où il serait bien traité, bien nourri et surveillé de telle sorte qu'il ne serait plus un danger pour ses semblables.

Si, au contraire, Farou avait été reconnu coupable, il aurait été condamné aux *travaux forcés**, et peut-être à perpétuité, c'est-à-dire pour toute sa vie.

RÉSUMÉ.

Il y a des magistrats chargés de rechercher et de poursuivre les criminels.

Les criminels arrêtés par les gendarmes, sont jugés par la *cour d'assises*. Un certain nombre de citoyens, appelés *jurés*, donnent leur avis pour savoir si l'accusé est coupable ou non. Puis les juges prononcent la sentence. La plus grande peine est la condamnation à mort, puis la condamnation aux travaux forcés.

158. — Peut-on condamner un fou ? — Pourquoi non ? — Où enferme t-on les fous ? — A quoi peut être condamné un homme coupable d'un grand crime ?

VINGT-NEUVIÈME LEÇON

LA JUSTICE.

159. — « Ce serait trop beau, mes enfants, dit un jour M. Bernard à ses élèves, si tout le monde était honnête, bon, bienveillant pour ses semblables, disposé à respecter l'ordre. Ce serait bien beau, mais cela n'est pas.

« Dans une société qui se compose de plusieurs millions d'hommes, il y en a toujours qui ne sont pas vertueux, qui ne respectent pas la loi, qui s'attaquent aux biens, à la personne de leurs semblables. C'est pour se défendre contre ces mau-

---

159. — Pourquoi y a-t-il des tribunaux ?

vaises gens que dans tous les pays civilisés, il y a des *tribunaux* et une *justice*.

160. — « Quand les fautes commises ne sont pas graves, le coupable est jugé par le *tribunal de police correctionnelle*. Vous vous rappelez l'histoire de ce grand Mathurin qui dans une discussion avec Félicien se laissa emporter par la colère; comme il était très violent, il le roua de coups. Félicien dut garder le lit pendant quinze jours. Mathurin fut jugé par le *tribunal de police correctionnelle*, et condamné à cinq jours de prison et 100 francs d'amende.

161. — « Si par malheur il avait tué Félicien il serait passé devant la *cour d'assises*. La peine aurait été bien plus forte. C'est la cour d'assises qui juge les voleurs de grosses sommes, les assassins, les auteurs de tous les grands crimes. Les peines sont toujours très graves ; dans certains cas, même la cour d'assises peut condamner à la peine de mort.

162. — « Ne croyez pas cependant, mes enfants, qu'il n'y a que les mauvais sujets qui aient affaire

---

160. — Dans quel cas est-on jugé par le tribunal de police correctionnelle ? — Exemple.

161. — Dans quel cas est-on jugé par la cour d'assises ? — Exemples. — Quelles sont les peines prononcées par la cour d'assises ?

162. — Les honnêtes gens peuvent-ils avoir affaire aux tribunaux ? — Exemple.

aux tribunaux. Très souvent les plus honnêtes gens sont obligés d'y avoir recours. Ainsi, il y a quelques mois, M. Martin ayant fait construire la belle maison que vous connaissez sur la place, n'était pas d'accord avec l'entrepreneur ; il prétendait que l'entrepreneur réclamait 3,000 francs de trop.

« M. Martin avait beau dire et beau faire. Il n'y avait pas moyen de s'entendre. Que faire alors ?

163. — « M. Martin est allé trouver les *juges du Tribunal civil* du chef-lieu de l'arrondissement, et leur a dit de juger cette affaire. Les juges ont examiné les choses, ils ont interrogé M. Martin, l'entrepreneur, ont apprécié les dépenses, et ils ont décidé que M. Martin n'aurait à payer que 500 francs au lieu de 3,000.

« L'entrepreneur n'était pas content. Il voulut réclamer, et il réclama devant un autre tribunal qui s'appelle la *cour d'appel*. Les nouveaux juges, qu'on appelle des *conseillers*, trouvèrent que les juges du tribunal civil avaient été raisonnables et déclarèrent que leur jugement était bon. Il fallut bien que l'entrepreneur cette fois fût de leur avis.

164. — « Quelquefois quand il s'agit de toutes petites affaires et qu'on cherche à éviter un procès, on s'adresse tout simplement au *juge de paix* du

---

163.—Dans quel cas les procès sont-ils jugés par le tribunal civil ? — A quoi sert la cour d'appel ?

164.—Quel est le rôle du juge de paix ? — Où siège le juge de paix — La justice est-elle gratuite en France ?

canton. Le juge de paix ne cherche qu'à mettre les gens d'accord : il n'est là que pour ça. Aussi devrait-on l'écouter bien mieux qu'on ne fait; et ce serait une grande économie; car les procès coûtent toujours beaucoup d'argent.

— « Est-ce qu'il faut payer les juges? » demanda Jules.

— « Non; en France, la justice est gratuite; c'est-à-dire que les juges doivent juger pour rien. Mais il faut payer les avocats, les avoués, les voyages. Tout cela est fort cher. Le plus simple est, quand on le peut, de s'arranger amicalement. On ne se fait pas d'ennemis, et on y gagne en temps et en argent. »

RÉSUMÉ.

Pour veiller au respect des lois, il y a des tribunaux. Les délits sont jugés par le *tribunal de police correctionnelle*.

Les crimes sont jugés par la *cour d'assises*.

Quand il ne s'agit que d'affaires d'intérêt, les procès sont jugés par le *tribunal civil d'arrondissement* et par la *cour d'appel*.

Dans chaque canton, un *juge de paix* a pour fonctions de chercher à concilier ceux qui ont entre eux des discussions d'intérêt et de les empêcher de se faire un procès.

TRENTIÈME LEÇON

TRAVAIL ET RICHESSE.

165. — Il y avait, à une petite distance de Montarels, une importante manufacture pour le travail du fer, dirigée par M. Moran qui en était le propriétaire. M. Moran passait pour un des plus riches industriels de la contrée.

Tout le monde savait qu'il était venu dans le pays, une trentaine d'années auparavant, n'ayant pour tout bien que son bâton, son sac et l'habileté manuelle qu'il avait acquise comme serrurier et comme ajusteur, en faisant son tour de France.

166. — Le fabricant chez qui il s'était présenté, après l'avoir vu à l'œuvre pendant quelques jours, l'avait trouvé si laborieux, si intelligent, si exact. qu'il lui avait dit :

— « Moran, voilà des mains et une tête qui valent quelque chose. »

Il voulait dire par là qu'il avait dans son intelligence et dans son habileté un instrument tout trouvé pour faire fortune.

M. Moran n'y manqua pas. Après avoir été *ouvrier* habile, il devint *patron*; c'est-à-dire qu'ayant fait des économies, il put acheter les outils nécessaires, les objets indispensables à son industrie, louer un atelier; il devint chef d'ouvriers à son tour. Ce n'est pas la première fois que cela arrive : que d'ouvriers qui ont su devenir patrons par leur intelligence, leurs économies, leur probité !

167. — La fabrique de M. Moran était très curieuse à visiter. Un jour M. Bernard obtint la permission d'y conduire ses élèves. Il n'était pas fâché de leur faire voir de leurs propres yeux, comment un homme peut arriver par son seul travail à une grande richesse et à une position qui lui permette de faire tant de bien.

Un jour donc qu'ils avaient été bien sages et

---

166. — Un ouvrier peut-il devenir patron ? — Comment ? — Exemple. — Qu'est-ce qu'un patron ?

167 à **169**. — Décrire la visite à la fabrique de M. Moran.

avaient mérité une récompense, M. Bernard prit avec
ses élèves le chemin de la fabrique. Jamais ces enfants n'avaient vu une si grande quantité d'ouvriers
occupés en même temps. Dans la première salle
où ils pénétrèrent, le vacarme était si grand qu'on
pouvait à peine s'entendre parler. C'étaient les machines à vapeur dont les volants* agitaient l'air.
Elles servaient à communiquer, par des courroies,
le mouvement à toutes les machines de la fabrique.

168. — Ces machines étaient vraiment mer-
veilleuses : les unes rabotaient l'acier comme si
elles eussent raclé de la cire et détachaient de
longs rubans métalliques qui s'enroulaient en spi-
rales comme des copeaux de bois et tombaient à
terre ; les autres s'enfonçaient sans effort dans des
plaques d'acier pour en détacher des boulons, pour
les percer de trous. D'autres mettaient en mouvement d'énormes marteaux ou les rouleaux d'un
laminoir. Ces énormes machines étaient d'une force
surprenante, et en même temps si faciles à conduire
qu'un enfant pouvait les faire marcher.

169. — Dans toute la fabrique, il y avait un
ordre et une activité parfaits. Tous les ouvriers
semblaient travailler avec plaisir ; ils saluaient
M. Moran, non pas comme un maître, mais comme

---

169. — Quelles sont les qualités d'un bon patron ? — Exemple. —
Pourquoi le travail est-il un bienfait pour l'homme ? — Que produit le
travail ?

un bienfaiteur. Il passait, en effet, pour le meilleur des patrons; comme il avait traversé de durs moments dans sa jeunesse, il n'était pas fier; il aimait à rappeler le temps où il était lui-même petit apprenti, n'ayant que quelque sous dans sa poche. Il disait que le travail est le grand bienfaiteur de l'homme; car avec le travail, de pauvre on peut devenir riche, indépendant, habile, instruit. En outre, celui qui travaille ne s'ennuie jamais.

RÉSUMÉ.

Le travail est la véritable source de la richesse. L'homme qui travaille est sûr de rester un honnête homme. Il vivra dans l'aisance et fera vivre honorablement tous les siens. Il peut même arriver à la fortune.

TRENTE-ET-UNIÈME LEÇON

LE MODÈLE DES PATRONS.

170. — Nulle part la condition des ouvriers n'est meilleure que dans la fabrique de M. Moran ; leur salaire est suffisamment élevé, le travail est proportionné à leurs forces. On voit à leur bonne humeur et à leur gaieté qu'ils sont heureux.

M. Moran a fait construire aux portes même de la fabrique un groupe d'habitations, toutes semblables les unes aux autres, qu'il loue à ses ou-

---

170. — Citer une heureuse idée de M. Moran pour assurer un bon logement à ses ouvriers.— La propreté est-elle une vertu ?

vriers. Le loyer est si peu élevé qu'ils ne pourraient nulle part ailleurs se loger à meilleur marché, même dans un galetas. Ils ont deux pièces et un jardinet : le tout est propre, sain, bien aéré. De temps en temps, M. Moran s'assure que tout est bien tenu, et il n'est pas tendre pour ceux qui laissent des détritus* et des ordures devant leur porte ; car il dit que la propreté est une vertu envers soi-même et envers les autres.

131. —· Ces petites maisons de M. Moran sont très recherchées par les ouvriers. Il n'y en a pas encore assez pour tous ; aussi chaque famille cherche-t-elle à en obtenir une. M. Moran ne les loue qu'aux ouvriers honnêtes et laborieux.

Il se fait d'abord montrer le *livret de la caisse d'épargne*, car il dit que c'est un devoir d'épargner, quand même on ne mettrait de côté qu'un sou par semaine. Il prétend même que l'épargne est une vertu, parce qu'elle représente une petite privation, un petit empire sur soi-même. Puis l'épargne produit peu à peu la richesse.

Il regarde ensuite si les enfants sont bien tenus, si la veste du mari a tous ses boutons, si la femme est propre et active. Il dit qu'il vaut mieux dix pièces à une robe qu'une tache.

---

131. — Est-ce un devoir d'épargner ? — Pourquoi ? — L'épargne est-elle une vertu ? — Pourquoi ?

172. — Mais M. Moran ne songe pas seulement au bien-être matériel. Il a obtenu du préfet d'avoir un instituteur pour les enfants de ses ouvriers, et il a fait bâtir pour eux une école qui passe pour une école modèle. Trois fois par semaine l'instituteur fait des cours d'adultes pour les ouvriers et les ouvrières qui pourraient oublier ce qu'ils ont appris. Il leur fait revoir l'histoire de France, la géographie, l'arithmétique. Il y a aussi des cours de dessin, pour former les ouvriers qui s'occupent des machines.

173. — Il y a quelques années un accident épouvantable mit en émoi la population de la fabrique. Une chaudière éclata et tua plusieurs ouvriers. Ces malheureux laissaient des veuves et des enfants. Grâce à M. Moran, femmes et enfants ne manquèrent de rien et se tirèrent peu à peu d'affaire.

Ce fut l'occasion pour M. Moran de fonder parmi les ouvriers une *Société de secours mutuels*. Chaque ouvrier paye une somme insignifiante; mais grâce au nombre des ouvriers et aux intérêts produits par ces petites sommes accumulées, la caisse de la société est riche.

---

172. — Le bien-être matériel est-il tout? — A quoi servent les cours d'adultes? — Qu'y fait-on

173. — Qu'est-ce qu'une société de secours mutuels? — Expliquer les services qu'elle peut rendre? — A quoi servent les caisses de retraite

C'est de là qu'on prend l'argent chaque fois qu'il y a un gros malheur à réparer. M. Moran a imaginé d'établir une *Caisse de retraite** pour les ouvriers arrivés à la vieillesse. Quand ils ne peuvent plus travailler, ils ont ainsi encore un petit revenu, qui leur permet de vivre dignement, sans être à charge à personne.

RÉSUMÉ.

Le devoir d'un bon patron est de veiller au bien-être moral et matériel de ses ouvriers; de leur assurer de quoi vivre et rester honnêtes gens dans le présent et dans l'avenir.

Après l'*obligation du travail*, la première obligation de l'ouvrier est celle de l'*épargne*, qui peut le conduire à l'aisance et à l'indépendance.

TRENTE-DEUXIÈME LEÇON

L'ÉCOLE.

174. — En traversant une des salles de la fabrique, suivi de M. Bernard et des enfants, M. Moran tapa amicalement sur l'épaule d'un brave ouvrier d'une cinquantaine d'années qui avait l'air bien bon et bien intelligent, et il lui dit :

— « Ah ! mon brave Mathieu, quel dommage que de ton temps il n'y ait pas eu des écoles comme aujourd'hui ! »

Puis se tournant vers les enfants :

---

174. — Y a-t-il encore des personnes qui ne sachent ni lire ni écrire ?

— « Voilà, dit-il, le meilleur ouvrier de toute ma fabrique. Ne dites pas non, mon excellent Mathieu. C'est en vous que j'ai le plus de confiance, et j'aurais voulu vous mettre à la tête d'une salle pour diriger les autres. Mais, de votre temps on n'apprenait pas dans les campagnes, à lire et à écrire à tout le monde. »

175.— « C'est vrai, monsieur Moran, dit Mathieu; il y a quarante ans, quand j'avais l'âge de ces enfants, il n'y avait dans mon village qu'une méchante école dans une sorte de cave; il fallait payer pour y aller. Puis, comme les parents n'étaient pas forcés d'y envoyer leurs enfants, ceux qui étaient pauvres gardaient leurs enfants chez eux. On les employait à faire les travaux faciles, garder le bétail, conduire les chevaux à l'abreuvoir, aider aux champs. Mais, lire ou écrire et compter, il n'y avait que les enfants des paysans à leur aise qui eussent le temps de l'apprendre. »

176. — « C'est bien changé aujourd'hui, dit M. Bernard; d'abord les maisons d'école sont si coquettes, si propres, si bien aérées que c'est un plaisir pour les enfants d'y aller. Elles sont bien

---

175. — Y eut-il un temps en France où tout le monde n'était pas obligé d'aller à l'école ? — Décrire l'école d'alors. — A quoi employait-on alors les enfants pauvres

176. — Cela est-il changé ? — Décrire la maison d'école d'aujourd'hui.

chauffées en hiver, et l'été il y a de l'ombre dans leurs cours et sous leurs préaux*. »

« Puis la loi oblige tous les parents à y envoyer leurs enfants; et c'est une bien bonne loi. »

— « Vous n'avez jamais dit plus vrai, interrompit Mathieu. Si cette loi avait existé de mon temps, mes pauvres parents m'auraient envoyé à l'école; j'y aurais appris beaucoup de choses; car le travail ne m'a jamais fait peur, croyez-le; et au lieu d'être un simple ouvrier bon à pas grand chose, parce que je ne sais ni lire ni écrire, j'aurais pu devenir chef d'atelier, comme M. Moran vous le disait tout à l'heure. Ah! l'instruction est une belle chose, et on le comprend encore bien mieux quand on n'a pas eu le bonheur d'en recevoir. »

177.— « C'est vrai, mes enfants, dit M. Moran; vous êtes bien plus heureux que les enfants d'autrefois. J'ai eu le bonheur d'aller à l'école de mon village, moi; mais ça a été tout. De mon temps, il n'y avait pas *d'Écoles primaires supérieures*, ni *d'Écoles professionnelles*. Il a fallu que j'apprenne plus tard tout seul, ce que vos maîtres vous enseignent aujourd'hui. Vous êtes plus heureux que nous, et grâce à l'instruction, vous pouvez arriver à tout, car le plus instruit finit toujours par dépas-

---

177.— Y a-t-il d'autres écoles que les écoles primaires ? — L'instruction est-elle un bienfait ? — L'instruction et l'honnêteté vont-elles souvent ensemble ?

ser l'ignorant, surtout s'il est en même temps le plus honnête. »

— « Instruction et honnêteté, dit M. Bernard, vont souvent ensemble; depuis que tous les enfants vont à l'école, on ne voit plus dans le village tous ces petits polissons qu'il y avait autrefois. »

M. Bernard serra la main de Mathieu, et les enfants se retirèrent tout étonnés de voir un homme de cet âge qui ne savait ni lire ni écrire, ni faire des règles de calcul, quand tout cela leur paraissait si simple.

RÉSUMÉ.

Autrefois, tous les enfants n'allaient pas à l'école. Aujourd'hui tous les enfants doivent recevoir l'instruction. C'est un grand bienfait: l'homme instruit, s'il est en même temps un honnête homme, peut arriver à tout.

TRENTE-TROISIÈME LEÇON

L'INSTRUCTION.

178. — Félix Beaupré était bien, il y a trente ans, le plus insupportable petit vagabond qu'il y eut à trois lieues à la ronde. Ses parents étaient pauvres et insouciants; ils ne songeaient même pas à l'envoyer à l'école, ou peut-être n'en avaient-ils pas les moyens, parce qu'alors il fallait payer pour y être admis.

Félix en profitait pour courir les champs et le village toute la journée : c'était le plus intrépide chercheur et destructeur de nids ; ni chats ni

---

178 à **181**. — Raconter l'histoire du petit Félix Beaupré.

chiens ne trouvaient grâce devant lui, il leur faisait une chasse acharnée.

179. — Il était même assez indiscipliné pour s'attaquer aux personnes et leur jouer de vilains tours. Il ne respectait ni les femmes, ni les personnes âgées, contrefaisait les boiteux devant eux-mêmes. Bref, il s'était rendu insupportable à tout le monde.

Il n'était pourtant ni méchant, ni sot. Il n'était que désœuvré, et le désœuvrement produit bien des vices. Un brave homme, M. Césaire, voulut essayer de le sauver ; il décida les parents de Félix à le mettre à l'école et il en paya le prix.

Vous pensez que Félix n'y alla d'abord qu'en rechignant ; il fit plus d'une fois l'école buissonnière ; quand M. Césaire le croyait chez l'instituteur, il poursuivait les brebis d'un troupeau ou donnait la chasse à coups de pierre aux veaux d'une prairie.

180. — Peu à peu cependant son humeur changea. A mesure qu'il put commencer à lire, il prit goût à l'étude. Il ne trouva plus le travail si maussade ; et comme il était très éveillé, quand il voulut travailler, il devint très vite le premier de sa classe.

On ne reconnaissait plus Félix Beaupré, quand on le voyait passer ses vêtements propres et en ordre, les cheveux peignés, ses livres et ses cahiers sous le bras. Il avait renoncé à toutes ses mauvaises habitudes.

181. — Les plus incrédules disaient en voyant ce changement : « Qui sait si cela durera ? »

Ils ne comprenaient pas que, lorsque le travail et le goût de l'étude ont transformé un enfant, c'est bien fini des mauvaises manières des polissons.

Félix passa cinq années à l'école. Son protecteur, M. Césaire, lui ayant demandé pour quel travail il avait le plus de goût, parce qu'il était disposé à lui venir encore en aide, Félix dit qu'il voulait faire de l'agriculture.

182. — M. Césaire l'envoya alors à une des Écoles d'agriculture de France, à Montpellier. Félix s'y fit remarquer par son intelligence et son travail. Il en sortit avec un diplôme, et sur les recommandations de son directeur, M. Courbal, le grand propriétaire du voisinage, le prit pour son régisseur avec de fort jolis gages.

Félix gagna bien son argent. Au bout de quelques années, il avait tout à fait transformé le domaine de M. Courbal ; il avait introduit des procédés de culture nouveaux ; il se servait de machines qui simplifiaient le travail des champs. Bref, en quelques années, les revenus de M. Courbal étaient doublés. On venait de partout demander à Félix

---

182. — Y a-t-il en France des écoles d'agriculture ?

des conseils sur les améliorations à faire. Il passait pour le meilleur agriculteur du département.

183. — Lorsque les vieux rappellent les vilains tours que jouait autrefois Félix Beaupré, personne ne peut croire que ce soit vrai ; et si, par hasard, on vient à en parler devant lui-même :

— « Que voulez-vous, dit-il en riant, le désœuvrement est un bien mauvais conseiller, et l'ignorance aussi. En me mettant à l'école, M. Césaire m'a rendu un bien plus grand service que s'il m'avait retiré de l'eau au moment où j'aurais été sur le point de me noyer. En me retirant de l'eau, il n'aurait sauvé qu'un petit polisson ; en me mettant à l'école et en me donnant de l'instruction, il a fait de moi un homme. »

RÉSUMÉ.

L'*instruction* et le *travail* peuvent faire d'un polisson un garçon discipliné, utile à lui-même et aux autres. Tel qui sans instruction fût resté un vaurien, peut devenir un excellent homme, intelligent, apprécié de tous.

---

183. — Citer le mot de Félix Beaupré sur l'instruction.

TRENTE-QUATRIÈME LEÇON

L'ASSISTANCE PUBLIQUE.

184. — C'est une triste chose que la maladie, quand il faut renoncer à ses travaux, à ses distractions ordinaires, ne plus sortir, garder le lit en proie à la fièvre, à la douleur. Mais combien ces souffrances et ces tristesses sont adoucies, quand le malade a autour de lui une famille qui l'aime, qui s'empresse pour le soigner, qui lui tient compagnie, qui le console !

Hélas ! que de gens qui n'ont, s'ils tombent ma-

184. — Décrire la triste condition du malade sans famille.

lades, ni femme, ni mère, ni enfants pour les soigner, ni argent pour payer les frais du médecin et des remèdes, ni une chambre convenable pour se tenir renfermés pendant la durée du mal !

Faut-il donc les laisser souffrir et mourir comme les derniers des animaux le long des chemins ?

185. — C'est une belle chose, le travail, quand on est bien portant et jeune, quand le corps est plein de force, quand on a le cœur à l'ouvrage, quand il semble qu'on pourrait travailler encore et toujours sans jamais se fatiguer.

Mais, hélas ! la jeunesse ne dure pas toujours : le corps de l'homme ne reste pas toujours vigoureux et sain. L'âge arrive, les forces diminuent, le courage baisse. Le travailleur autrefois si vaillant ne peut plus rien faire.

Faudra-t-il donc laisser mourir de faim dans son grenier et sur un grabat cet honnête homme, qui a tant travaillé, aussi longtemps qu'il a pu, et qui ne s'est arrêté que brisé par l'âge ?

Le pays qui ferait cela ne serait pas un pays civilisé.

186. — Aussi avons-nous en France des *hôpitaux* et des *hospices*. Dans les hôpitaux, l'homme sans famille ou le pauvre qui n'a pas les ressources

---

185.— Décrire la triste condition du vieillard pauvre qui ne peut plus travailler.

186. — A quoi servent les hôpitaux et les hospices ?

nécessaires pour se soigner trouve un asile, un bon lit, des infirmiers* ou des infirmières pour le soigner, un médecin et tous les remèdes dort il **a** besoin. Seul, il aurait pu être emporté par la maladie ; bien soigné à l'hôpital, il se rétablit sans qu'il lui en coûte rien.

187. — Dans les hospices, on recueille les personnes âgées qui ne peuvent plus se suffire par leur travail et qui n'ont pas de famille. Au lieu de languir dans une triste pièce sans feu et abandonnées de tout le monde, elles trouvent de belles salles bien chauffées, et l'été de grandes cours plantées d'arbres. Elles ont **la** société de leurs semblables ; elles n'ont pas à se préoccuper de leur nourriture et leur couvert est mis chaque jour à l'heure voulue.

188. — Cela vaut mieux que de mendier, comme on le faisait autrefois. Il était difficile de distinguer le vrai mendiant du faux mendiant. Souvent, les personnes les plus nécessiteuses n'osaient pas tendre la main et avaient à peine un morceau de pain ; tandis que des paresseux sans vergogne, toujours prêts à demander, se faisaient nourrir sans rien faire par la charité publique.

---

187. — Décrire un hospice.

188. — Pourquoi a-t-on raison d'interdire la mendicité ?

On a donc bien fait d'interdire la mendicité publique. Ce n'est pas par mauvais cœur et manque de pitié pour les malheureux ; car les vrais malheureux sont toujours assurés de trouver du secours auprès de l'*Assistance publique*.

RÉSUMÉ.

La santé, la jeunesse ne durent qu'un temps. Dans une société bien faite, il faut s'occuper d'assurer le sort des malades et des vieillards pauvres. C'est pour cela qu'il y a des *hôpitaux* et des *hospices*. C'est ce qu'on appelle l'*assistance publique*.

TRENTE-CINQUIÈME LEÇON

UN PRIX MONTHYON.

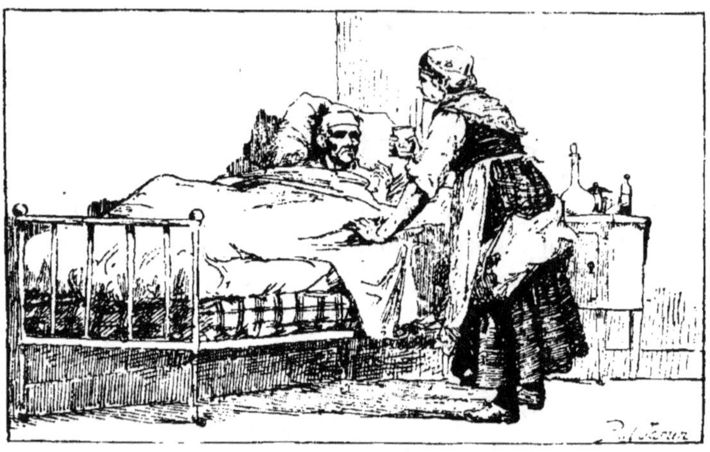

189. — Il y avait à Montarels une vieille fille appelée Dorothée. Elle avait près de quatre-vingts ans ; elle vivait seule et très retirée. Mais tout le monde la respectait, et elle le méritait bien.

Toute jeune, à l'âge de treize ans, elle était entrée au service de la famille Barral. Elle avait fait d'abord les petits travaux que peut faire une enfant de cet âge. Puis son habileté ayant grandi avec ses forces, elle devint une domestique accomplie.

189 à **192**. — Raconter l'histoire de Dorothée.

Aucune domestique n'était plus attachée à ses maîtres. Elle vit naître tous les enfants de la maison, les vit grandir, et fut pour eux comme une seconde mère. Personne ne savait mieux qu'elle charmer ces petits enfants par des histoires, par les jeux variés qu'elle inventait, par sa bonté et sa bonne humeur.

190. — La famille Barral avait été jusqu'alors dans une bonne situation de fortune. Mais des revers arrivèrent. M. et Mme Barral furent obligés de réduire le nombre de leurs domestiques : Dorothée resta seule chargée du travail des bonnes qu'on avait renvoyées. Elle accepta sans se plaindre son nouveau sort ; elle redoubla d'activité, et grâce à elle, on put ne pas trop souffrir dans l'intérieur de la famille de ce grand changement de fortune.

191. — Quand la ruine entre dans une maison, il semble que tous les efforts que l'on fait pour en arrêter les progrès sont inutiles. M. Barral avait beau s'épuiser de travail, essayer des affaires nouvelles, rien ne lui réussissait. Un jour, il dut déclarer à Dorothée qu'il ne pouvait plus lui payer ses gages, et que par conséquent elle devait chercher une place ailleurs.

C'est dans ces moments difficiles que les grands cœurs se montrent. Non seulement Dorothée ne voulut pas quitter ses maîtres, préférant servir sans gages que de les abandonner ; mais elle imagina d'aller elle-même à leur secours.

192.—Tous les moments de liberté que lui laissait le service de la maison et la besogne souvent pénible qu'elle devait faire seule, elle les consacrait à des travaux d'aiguille. Elle était adroite comme une fée, et elle vendait assez bien ce qu'elle faisait. Tout l'argent qu'elle pouvait gagner ainsi entrait dans la caisse de la famille et servait à rendre sa vie moins pénible.

193.—Cet admirable dévouement ne se ralentit pas durant plusieurs années. Grâce à Dorothée, M. et Mme Barral purent finir honorablement leur vie sans connaître les horreurs de la faim et du complet dénûment. L'excellente fille ne se crut quitte envers ses maîtres que lorsque elle eût accompagné au cimetière leur convoi funèbre. Elle leur était restée fidèle pendant 50 années.

194. — Une si belle conduite ne pouvait pas passer inaperçue. Une société dans laquelle on ne songerait pas à honorer et à récompenser de semblables gens, serait une société mal faite.

En France, il y a une réunion d'hommes savants, d'écrivains de grand mérite et de grands

---

personnages qui s'appelle *l'Académie française*. Tous les ans, cette société recherche les plus belles actions de ce genre, pour les récompenser. Un homme de bien, M. Monthyon, a fondé des prix pour cela.

195. — L'Académie française, informée par le maire de la commune de la belle conduite de Dorothée, lui donna un des prix Monthyon, destinés à réconpenser les dévouements et les bonnes œuvres d'une vie entière. C'était une somme de 3,000 francs. Grâce à cela, Dorothée qui a peu de besoins et qui a pu travailler jusqu'à ces derniers temps, a une vieillesse tranquille. Elle n'avait pas besoin de cette distinction de l'Académie française pour être honorée par tout le monde comme la meilleure des créatures.

RÉSUMÉ.

Il est bon que les actions généreuses et les grands dévouements soient publiquement récompensés.

TRENTE-SIXIÈME LEÇON

LE COMICE AGRICOLE.

196. — Il y avait fête dans la petite ville de Pont-sur-Agout. Le sous-préfet avait obtenu qu'il y eût au printemps un *Comice agricole*, c'est-à-dire une exposition de toutes les choses qui se rapportent à l'agriculture : produits du sol, bétail, animaux utiles de toute espèce, machines, plans de constructions pour métairie, bergerie, étable, porcherie. On devait donner des prix aux agriculteurs qui auraient exposé les plus beaux produits

---

196. — Qu'est-ce qu'un comice agricole ?

ou fait les inventions les plus utiles à l'agriculture.

197.—De tout le département on était accouru. Chacun avait tenu à présenter quelque chose à cette exposition, les uns par amour-propre et par passion pour l'agriculture, les autres dans l'espoir de mériter une des récompenses promises aux plus méritants.

On avait construit sur l'esplanade de Pont-sur-Agout une série de pavillons en bois, fort bien divisés, dans lesquels s'étalaient les produits les plus divers de l'exposition. Le public défilait constamment dans ces galeries et admirait les fruits, les gerbes de blé bien fournies, les pommes de terre d'un poids surprenant.

198.— Plus loin, c'étaient des animaux de race supérieure achetés à l'étranger et que l'on avait acclimatés en France, des machines si simples et si ingénieuses qu'un seul homme pouvait faire ce qui autrefois demandait vingt bras.

M. Bernard avait demandé à l'Inspecteur d'Académie la permission de conduire ses élèves à la grande fête qui devait avoir lieu pour la distribution des récompenses. On l'accorda sans peine; il était bon que ces enfants vissent de leurs propres yeux, comment en France on sait honorer et récompenser les agriculteurs.

---

197 à **200** — Décrire un comice agricole ?

199. — De plus, ce ne devait pas être une fête
ordinaire. On annonçait que le *ministre de l'Agriculture* lui-même devait présider la cérémonie.
Le fait était vrai. A peine les élèves de M. Bernard
avaient-ils pris place sur les bancs qu'on avait
réservés pour eux, qu'une musique militaire se fit
entendre, et l'on vit entrer dans la salle le *ministre
de l'Agriculture* et les personnages qui l'accompagnaient. Tous les fonctionaires du département
formaient cortège* : le *préfet*, le *général de division*, le *président du tribunal civil* de Pont-sur-
Agout, l'*inspecteur d'Académie*.

200. — Le ministre prononça un discours. Il dit
que le travail de la terre était un des plus nobles,
et que sans l'agriculture la France ne serait ni
aussi puissante ni aussi riche qu'elle l'est ; qu'un
bon agriculteur était, sans s'en douter, un bon citoyen, et qu'en faisant pour lui de bonnes affaires,
il faisait en même temps celles de son pays. Puis
la distribution des récompenses commença. On
appelait tous ceux qui avaient mérité une récompense et ils montaient sur l'estrade* pour la recevoir. On voyait monter des jeunes gens et des
hommes mûrs, des hommes en blouse et en redin-
gote, tous émus et fiers comme quand ils rece-
vaient autrefois un prix à la distribution de l'École.

---

199. — Y a-t-il un ministre de l'Agriculture ?
200. — Un bon agriculteur est-il utile à son pays ?

201.— Mais il y avait une surprise. Au moment où tout paraissait terminé, le Ministre se leva et dit que le Président de la République avait voulu, lui aussi, honorer les agriculteurs de Pont-sur-Agout, et qu'il avait remis pour le plus digne d'entre eux la décoration du *Mérite agricole*.

Ce fut une grande émotion dans l'assistance, et tout le monde battit des mains quand on entendit le Ministre s'écrier que cette décoration était destinée à M. Félix Beaupré.

202.— Quel ne fut pas l'étonnement des élèves de M. Bernard! Ils comprirent bien ce jour-là, mieux que pour l'avoir lu dans leurs livres, comment on peut en France arriver à tout par l'instruction, le travail, la bonne conduite, les vertus d'un bon citoyen ; car l'honnête homme, le laborieux et intelligent agriculteur qu'ils venaient de voir décorer n'était autre que le petit vagabond d'autrefois.

RÉSUMÉ.

Le travail de la terre est un des plus nobles et des plus utiles. Il est juste qu'un bon gouvernement l'honore et le récompense. C'est dans les expositions publiques, appelées *Comices agricoles*, qu'on peut juger des progrès des agriculteurs, de leur intelligence, de leurs efforts.

---

201. — Qu'est-ce que la décoration du Mérite agricole ?

LEXIQUE.

Affiche, feuille de papier collée sur les murs, par laquelle on porte une chose à la connaissance de tous.

Aide de camp, officier chargé de porter les ordres du général ; au figuré, celui qui exécute les ordres de quelqu'un, qui l'assiste.

Aliéné, qui a perdu la raison.

Ambulance, lieu où l'on soigne provisoirement les malades, les blessés.

Amiral, officier de marine qui commande une escadre ; le grade le plus élevé de l'armée de mer.

Amortir, affaiblir, arrêter.

Anxieux, très préoccupé, très inquiet.

Artillerie, partie de l'armée spécialement occupée de la manœuvre du canon.

Artilleur, qui fait partie de l'artillerie.

Avocat, qui défend les intérêts de quelqu'un devant les tribunaux.

Bastille, ancienne forteresse et prison de Paris, détruite en juillet 1789.

Bombarder, tirer sur quelque chose à coups de canon.

Bourrelet, petite élévation, petite séparation.

Burnous, vêtement en laine blanche, particulier aux Arabes.

Campagne, expédition militaire.

Casque, partie de l'armement de certains soldats, destinée à protéger la tête.

Cavalerie, partie de l'armée qui sert à cheval.

Charge de cavalerie, manœuvre de cavalerie qui consiste à se précipiter **au galop sur l'ennemi**.

Chef-lieu, la ville où résident les autorités officielles du département, de l'arrondissement, du canton, de la commune.

Chirurgien, celui qui soigne les blessés et fait les opérations.

Chloroforme, médicament dont l'effet est d'endormir le malade et d'assoupir toute douleur.

Commissaire de police, officier chargé de veiller à la

sécurité des personnes, au maintien de l'ordre, au respect des lois.

Conseil municipal, réunion d'un certain nombre d'hommes élus pour administrer la commune sous la présidence du maire.

Contourné, qui fait des tours et détours ; qui n'est pas droit.

Cortège, réunion de personnes qui en accompagnent une autre pour lui faire honneur.

Cuirassier, soldat qui porte une cuirasse pour protéger sa poitrine.

Défilé, ordre dans lequel se succèdent des hommes ou des groupes d'hommes.

Défiler, se succéder suivant un certain ordre.

Désintéressé, qui ne fait pas les choses par intérêt.

Détritus, débris animaux ou végétaux, ordures.

Devise, courte expression d'un sentiment, telle que « mieux vaut mourir que commettre une infamie ».

Dragons, fraction de l'armée, qui sert à cheval.

Droits, somme à payer pour l'impôt.

Écusson, plaque en forme d'écu, de bouclier, portant un dessin, une inscription.

Écot, part de chacun dans une dépense commune.

Enorgueillir (s'), concevoir de l'orgueil.

Enrôler, inscrire sur les rôles de l'armée pour faire un soldat.

Envahisseur, celui qui envahit.

Escadron, fraction d'un régiment de cavalerie.

Estrade, plate-forme un peu élevée sur laquelle prennent place dans les cérémonies les personnages officiels.

Examen, ensemble de compositions, d'épreuves destinées à prouver le mérite de quelqu'un.

Expatrier (s'), abandonner pour toujours sa patrie.

Expérimenté, qui a de l'expérience.

Fantaisie, caprice, volonté qui varie, qui est mal dirigée.

Fort, ensemble de constructions militaires destinées à protéger une ville, un passage, une embouchure de fleuve.

Fonctionnaire, celui qui remplit des fonctions publiques.

Fronde, petite arme, destinée à lancer violemment des pierres, des balles ; — aujourd'hui abandonnée.

Grade, degré de fonction militaire ; grade de lieutenant, de capitaine, de colonel, etc....

Imaginaire, qui n'existe pas, qui n'est pas réel.

Incendiaire, celui qui allume volontairement un incendie.

Infirmier, celui qui soigne les malades sous l'autorité d'un médecin ou d'un pharmacien.

Ingénieur, celui qui dirige de grands travaux de construction de différents genres.

Légion d'honneur, réunion des hommes qui ont reçu comme récompense de leur mérite ou de leur courage la décoration de ce nom.

Maréchal de France, la plus grande dignité militaire.

Martial, guerrier, qui se rapporte aux choses de la guerre.

Massue, arme formée d'un petit tronc d'arbre.

Mobile, soldat faisant partie de la garde-mobile.

Mousse, enfant qui fait l'apprentissage de la vie de marin.

Paralytique, qui a perdu l'usage de ses membres.

Patriote, qui a l'amour de la patrie.

Pavoiser, orner de drapeaux.

Percepteur, fonctionnaire chargé de recevoir l'impôt.

Philosophe, l'homme qui étudie les principes de la sagesse et qui s'efforce de les mettre en pratique.

Place d'honneur, place réservée à la personne que l'on veut honorer.

Polygone, figure de géométrie; place qui a plusieurs côtés.

Préau, cour couverte.

Proverbial, qui est passé en proverbe.

Quai, endroit d'un port où se fait le débarquement des passagers et des marchandises.

Régiment, fraction de l'armée, commandée par un colonel.

Responsable, qui doit répondre de sa conduite, porter la peine de ses fautes.

Retraite, état de l'homme qui ne remplit plus de fonctions actives et qui touche une pension acquise par ses services.

Rivaliser, s'efforcer de faire mieux qu'un autre.

Salve, série de coups de canon destinée à saluer un personnage important, à fêter un grand événement.

Sauveteur, celui qui fait profession de sauver les gens en danger.

Serment, engagement pris sur l'honneur de faire une chose.

Sociable, qui aime, qui recherche la société.

Sombrer, être englouti par les eaux.

Témoin, celui qui a vu un fait et qui en atteste la vérité.

Travaux forcés, châtiment réservé aux criminels.

Tribune, sorte de plate-forme d'où l'on porte la parole, d'où ón assiste à un spectacle.

Trouville, petit port français de la Manche.

Turban, pièce de laine ou de toile dont les Orientaux s'enveloppent la tête en guise de coiffure.

Valide, fort, bien portant.

Vindicatif, qui aime, qui recherche la vengeance.

Volant, roue qui sert à régler le mouvement d'une machine.

TABLE ANALYTIQUE.

TABLE DES LEÇONS.

Paris. — Soc. d'imp. PAUL DUPONT (Cl.). 173. 2.85.